ÁMAME PARA QUE ME PUEDA IR

M. Mercè Conangla y Jaume Soler

ÁMAME PARA QUE ME PUEDA IR

Padres e hijos desde la ecología emocional

© 2008, M. Mercè Conangla Marín y Jaume Soler
Publicado originalmente por Editorial Amat, S.L. en 2006
© de esta edición: 2008, RBA Libros, S.A.
Santa Perpètua, 12 - 08012 Barcelona
rba-libros@rba.es / www.rbalibros.com
© Cubierta: Opalworks

Primera edición en bolsillo: febrero 2008

Para mayor información y/o
contactar con los autores:
www.fundacioambit.org
www.ecologiaemocional.com
ecologiaemocional@yahoo.es

Ref.: OBOL161 / ISBN: 978-84-9867-073-8
DEPÓSITO LEGAL: B-6.588-2008
Composición: Manuel Rodríguez
Impreso por Novoprint (Barcelona)

ÍNDICE

Para Laia y Alba

por el espacio de libertad y de amor
que conjuntamente construimos

A MODO DE PREÁMBULO

Si la base no se coloca bien, todo lo que se construya encima va a peligrar.
Si el inicio está bien fundamentado, lo que siga tendrá muchas posibilidades de colocarse bien.
Si el inicio está bien colocado y continuamos construyendo con perseverancia, responsabilidad y sobre todo con mucho cariño, el edificio será equilibrado, sólido y seguro.
El resultado final será excelente.
Si la base no se ha colocado bien, deberemos hacer reformas estructurales en el edificio y no limitarnos a un cambio en la decoración de las paredes.

Este libro puede ser abordado de distintas formas. Podéis elegir ir de principio a fin y seguir nuestro proceso de reflexión hasta acabar el libro o bien abordar un apartado o punto en función de vuestro momento y reto actual, de la dificultad que tenéis o de vuestro interés por determinada cuestión. El texto tiene un sentido propio en cada apartado y, a su vez, está unido a un contexto general en el que podéis ampliar la visión. ¡Vosotros elegís!

Os proponemos un viaje de reflexión y autoconocimiento durante el cual podéis detectar algunos puntos de mejora personal que repercutirán en una mejor calidad de la relación con vuestros padres o hijos. El viaje de lectura se inicia planteando la diferencia entre tener un hijo y «educar un hijo» y con la afirmación de que si queremos amor en esta relación deberemos construirlo día a día: no todos los padres aman bien a sus hijos ni todos los hijos aman bien a sus padres. Continuamos con una elección: ¿queremos relaciones que aten o que vinculen amorosamente? ¿Muros o puentes? Según utilicemos los miedos, las expectativas, los valores, la sobreprotección o la desidia, el respeto y la dignidad o los chantajes emocionales obtendremos unos resultados u otros:

Planteamos un modelo humano emocionalmente ecológico que contempla la dimensión afectiva y cultiva el don de la lucidez. Daremos una especial importancia a los límites necesarios para crecer bien y protagonismo a la comunicación, diferenciando las palabras-semilla de las palabras-dardo. ¿Queréis conocer nuestra experiencia de las rutas que ayudan a crecer? ¿Cómo aplicar la teoría de la ecología emocional? Vamos a compartirlo con vosotros.

Finalizamos el libro con uno de los aspectos más difíciles e importantes: la decisión de soltar a los hijos, de animarles a volar y a vivir vidas íntegras. Un desprendimiento necesario y difícil. El reto es dejar de inmiscuirnos en su vida, cerrar los temas pendientes y proseguir nuestro camino individual sabiendo que amarlos bien es dejarles ir.

La vida consiste en hacer lo que se es. Lo que pasa es que uno nunca sabe muy bien lo que es y cuesta mucho trabajo adivinarlo.

José Luis Sampedro

¿LO HAS DICHO ALGUNA VEZ?

- *Los padres tenemos el deber de hacer felices a nuestros hijos*
  No tenemos que «hacerles felices», tenemos que educarles para que ellos sean capaces de construir su felicidad. Y su felicidad será la consecuencia de que se dirijan hacia un *recto objetivo* y una consecuencia del cumplimiento de lo que son y pueden llegar a ser.
- *Si me lo puedo permitir, ¿por qué no voy a dárselo?*
  No vamos a dárselo porque tenemos que enseñarles a conseguir las cosas por sí mismos. Sólo así van a valorar lo que tienen y también lo que no tienen. Aunque nos lo podamos permitir, es importante que aprendan a invertir esfuerzo, tiempo y trabajo para lograr lo que necesitan y desean, y entiendan que en la vida ni todo es rápido ni todo es fácil.

- *No quiero que les falte nada*

  La sobresaturación elimina la capacidad de desear y también hace que no se valoren las cosas ni las personas. Es importante que les falte algo o que, por lo menos, no lo tengan todo. Educar en la austeridad y en el buen uso de los recursos disponibles y hacerles entender que no están solos en el mundo es algo esencial. La solidaridad y la generosidad son valores muy ecológicos.

- *¡Que haga lo que quiera, ahora que puede!*

  La ausencia de límites tiene unos efectos catastróficos en la vida. Debemos aprender a hacer *lo que es necesario hacer*, aun cuando no lo deseemos ni nos sea cómodo, así seremos capaces de hacer lo que realmente queramos cuando llegue el momento de luchar por nuestros sueños. Nadie nace educado ni con su voluntad construida. La conciencia de límites es un referente imprescindible para nuestros hijos puesto que les va a facilitar su capacidad de exploración y también de infracción (saltar los límites cuando llegue el momento).

- *¡Mientras vivas aquí harás lo que yo te diga!*

  No debemos confundir autoridad con ser autoritario. La comunicación nos permite construir puentes fuertes en la relación con nuestros hijos. Es importante marcar límites pero también lo es negociar, pactar y llegar a acuerdos. Esto no se consigue ni rápido ni se improvisa de repente. Para tener autoridad sobre ellos deberemos trabajar la coherencia y la dignidad personal.

CUESTIÓN DE EQUILIBRIO

El poeta Coleridge recibió un día la visita de un admirador. Cuentan que en el transcurso de la conversación, surgió el tema de la niñez y la educación:

—Creo —afirmó con rotundidad el visitante— que debe dejarse a los niños en total libertad para que piensen, actúen y tomen sus propias decisiones desde muy pequeños sin que nosotros intervengamos. Sólo así podrán desarrollar al máximo toda su potencialidad.

—Ven a ver mi jardín de rosas —le dijo Coleridge, acompañando a su admirador hasta el jardín.

Al verlo, el visitante exclamó:

—¡Pero esto no es un jardín... esto es un patio lleno de maleza!

—Solía estar lleno de rosas —dijo el poeta— pero este año decidí dejar a las plantas de mi jardín en total libertad de crecer a sus anchas sin atenderlas. Y éste es el resultado.[1]

MÁS LIBRES QUE NOSOTROS

Aprendemos la agresividad o la benevolencia, la capacidad de amar o la anestesia afectiva, el miedo, el optimismo o el pesimismo. Es un largo aprendizaje mediante el cual construimos estos «hábitos del corazón» que, a veces, tanto nos cuesta desaprender.

JOSÉ ANTONIO MARINA

Nietzsche afirmaba que la finalidad de la educación de los hijos es poner en el mundo personas más *libres* de lo que somos nosotros.[2] Jacques Delors considera que la educación es la utopía

1. *Aplícate al cuento. Relatos de ecología emocional*, Jaume Soler y Mercè Conangla, Editorial Amat, 2004.

2. Friedrich Nietzsche, *Fragmentos póstumos*, Abada Editores, frag. 17 (28).

necesaria y el único recurso sensato para escapar a la desesperación y al cinismo. Ayudar a nuestros hijos a que descubran quiénes son es parte de nuestra misión como padres: ¿Cómo educamos? ¿Para qué educamos? ¿Cómo gestionamos nuestros «hábitos del corazón»?

De estos y muchos otros temas vamos a tratar en este libro. Trataremos de cómo amar mejor a nuestros hijos para que sean capaces de irse con amor. Os proponemos construir un amor que no les aprisione, sino que les libere; un amor que les permita ser ellos mismos sin depender de nosotros. Se trata de amarles bien para que sean valientes de arriesgarse a amar y vivir una vida plena y con sentido.

Sabemos que la principal vía de la educación afectiva es el aprendizaje mediante modelos. Todos influimos, de forma más o menos consciente, en la educación de niños y adolescentes, pero es dentro del entorno familiar donde empiezan a forjar y a construir la base del futuro adulto que serán. La educación afectiva de los hijos debe partir, siempre, de la educación y crecimiento afectivo de los padres y adultos con los que conviven. Sólo así será posible que se conviertan en personas sanas y emocionalmente equilibradas y fuertes. Sólo así se podrán ir.

PRIMERA PARTE

Sobre la paternidad y la maternidad

Mente clara,
corazón tierno

BUDA

UNA ELECCIÓN

Estos son malos tiempos. Los hijos han dejado de obe-
decer a sus padres y todo el mundo escribe libros.

CICERÓN

EL PUNTO DE PARTIDA

En el inicio es la relación. Naces y allí está el otro, tu
madre, tu padre, la partera, alguien está allí, alguien que
te mira, alguien que te recibe, que te sonríe o te mira con
tosquedad. Alguien está allí. Tu vida es ante alguien, o
con alguien, o contra alguien, o por alguien, o para al-
guien, o sin alguien. Eres tú y el otro. Yo y tú.

JAIME BARYLKO[3]

Nuestro punto de partida. Nuestra familia de origen no depende
de nuestra libre elección. No podemos decidir quiénes y cómo
serán nuestros padres, si nos van a amar, a acoger, a rechazar o

---

3. *Para quererte mejor.* Emecé.

a ignorar. Tampoco el entorno material, cultural y social donde creceremos.

Padres: no elegís cómo van a ser vuestros hijos pero sois su punto de partida.

Hijos: no elegís a vuestros padres, pero son vuestro punto de partida.

En cualquier caso, sólo es eso: un inicio. A partir de ahí, será nuestra responsabilidad dar sentido y contenido a nuestra vida, elegir los caminos que andamos, cómo los andamos y con quién. Un punto de partida condiciona —y a veces de forma considerable— pero no determina, forzosamente, el futuro de nadie.

TODOS NACEMOS TRES VECES

> *La tarea más importante en la vida de una persona es darse nacimiento a sí misma para llegar a ser aquella persona que potencialmente ya es.*
>
> ERICH FROMM

Hay tres nacimientos en nuestra vida:[4]

1. Primer nacimiento: cuando empezamos a ser. Nuestra primera célula, a partir de la cual se inicia nuestra vida.
2. Segundo nacimiento: cuando salimos del vientre materno.
3. Tercer nacimiento: cuando tomamos conciencia de que *somos*.

De los tres nacimientos sólo sabemos el día y la hora del segundo. El tercer nacimiento es el más importante de todos porque,

---

4. Giovanni Papini (escritor italiano, 1881-1956).

a partir del mismo, iniciamos nuestro proceso de construcción como seres humanos. La tarea más importante de nuestra vida va a ser darnos nacimiento a nosotros mismos para llegar a ser la mejor versión de la persona que, potencialmente, ya somos.

¿QUÉ MODELO DE PERSONA?

> *Aquella noche, de repente, me di cuenta de una cosa, es decir, que entre nuestra alma y nuestro cuerpo existen muchas ventanas; a través de ellas, si están abiertas, pasan las emociones; si están cerradas, sólo se filtran a duras penas. Sólo el amor las puede abrir, de par en par, todas a la vez y de repente, como una ráfaga de viento.*
>
> SUSANA TAMARO

¿Qué tipo de hijos queremos? ¿Niños seguros de sí mismos, valientes, exploradores, curiosos, con afán de aprender, respetuosos y que valoren la vida, o bien niños ansiosos, dependientes, con miedo a equivocarse, sin iniciativa, que busquen la seguridad y comodidad ante todo? ¿Queremos hijos voluntariosos, luchadores ante las dificultades y capaces de buscar alternativas o incapaces de perseverar, resignados y pasivos cuando aparecen los problemas? ¿Hijos egoístas y agresivos o generosos y equilibrados?

¿Ya lo tenemos claro? ¿Hemos elegido uno de los modelos? Pues entonces, ¡a trabajar! Un niño así no nace por «generación espontánea», será el producto de la interacción de muchísimos factores, uno de los cuales, y de un enorme poder de influencia, va a ser el modelo de persona dado por los padres. Elegir bien es el secreto para triunfar en el viaje de la vida.

Nadie nace educado. Así como para razonar y hacer un buen uso del pensamiento y de todo nuestro potencial cognitivo hacen falta muchos años de escuela y de trabajo diario, para gestionar nuestro mundo emocional, también. En función de cómo se coloquen los primeros cimientos afectivos, nuestros hijos construirán una relación más o menos adaptativa consigo mismos, con las demás personas y con el mundo que les rodea.

Queremos decirlo alto y claro: Nuestra principal tarea como padres es nuestra propia construcción personal. Tenemos la responsabilidad de mejorar, de comprometernos, de ser coherentes y manifestar mediante la acción los valores que hemos elegido. El planteamiento inverso —centrarse sólo en el hijo y vivir sólo de él o para él— suele dar como resultado un camino difícil y con pocas posibilidades de éxito.

Si no tenemos claro hacia dónde vamos, seguro que no vamos a obrar con acierto. Desorientados los padres... desorientados e indefensos los hijos. ¿Tenemos ya el modelo? Entonces empecemos a aplicarlo en nuestra propia vida individual y de pareja.

TODOS SOMOS HIJOS

> *La existencia puede ser un lugar muy oscuro y uno de los pocos recursos de que disponemos para iluminar las sombras es el afecto.*
>
> ROSA MONTERO

Todos somos hijos. Esta realidad une a todos los seres humanos. Ser hijo no es fácil pero es algo que no podemos dejar de ser. Incluso siendo padres, somos hijos.

Cuando somos amados por otra persona, este amor supone un reconocimiento a nuestra existencia.[5] El amor es el material esencial para construirnos más humanos. Como hijos, hemos recibido más o menos afecto y esta pieza inicial va a influir, aunque no a determinar, toda nuestra construcción posterior.

Ser padres, en cambio, es una opción vital que merece ser cuidadosamente valorada. Conciliar estos dos roles no siempre es fácil. De hecho afirmamos que, si como hijos no hemos resuelto bien la relación con nuestros padres, como padres vamos a tener problemas añadidos con nuestros hijos.

NO ESCOGEMOS A NUESTROS PADRES

Será preciso rehacer el presente
si queremos sobrevivirnos.

MIQUEL MARTÍ I POL

No escogemos nacer ni ser hijos de nuestros padres; tampoco elegimos su manera de ser y hacer. Nos son adjudicados por factores que escapan a nuestra comprensión y que van más allá de la pura biología.

Durante mucho tiempo no cuestionamos su presencia, su ausencia, sus actitudes o su papel. Pueden ser de nuestro agrado o bien unos seres que no nos gusten ni comprendamos. No obstante, más adelante podemos incorporarlos a nuestra «familia afectiva elegida» si así lo decidimos. También es posible que, en algunos casos, haya quien —para sobrevivir o para poder vivir bien— decida apartarse de ellos. Ambas fórmulas forman parte

---

5. *Donar temps a la vida*, Edicions Pleniluni, 2001 (de los autores).

de nuestro derecho a elegir y de la responsabilidad de dirigir nuestra vida de la mejor manera posible.

¿PERO QUIÉNES SON NUESTROS PADRES?

Años después de dar a luz me convertí en madre.

ERICA JONG

¿Quiénes son estos seres tan próximos que nos han criado, con quién hemos pasado tanto tiempo, con quiénes hemos creado lazos afectivos que pueden oscilar entre amar y detestar; estos seres que han sido nuestros modelos de conducta? ¿Quiénes son, realmente, estas personas que nos han transmitido su visión sobre el mundo, que han decidido por nosotros y cubierto nuestras necesidades? ¿Qué sabemos, en realidad, de su vida íntima, de su relación? ¿Qué sabemos del tipo de pareja que formaban, si se amaban, si se abrazaban o si se daban la espalda? ¿Cuántos amantes, lágrimas, deseos, mentiras, verdades, ilusiones mantenían escondidas? ¿Cuántos proyectos aplazados, hundidos, olvidados? ¿Su vida de pareja y de familia los ha hecho mejores personas o, en el camino, han renunciado a una parte esencial de su ser y esto los ha hecho infelices?

Sabemos realmente poco de nuestros padres. Quizás, hemos creído adivinar o intuir algo; tal vez nunca lo hemos preguntado. Es posible que no hayamos querido saber. Puede ser que nos guardemos las preguntas importantes y prefiramos hablar de otras cosas con ellos: de la casa, la decoración, la política, los vecinos... Es posible que sólo les mostremos un paisaje superficial de nuestra vida, evitando entrar a fondo en nuestro sentir más profundo. Muros y más muros... una comunicación tan superficial que casi no atraviesa la piel. Y después, un día, nuestros padres mueren. Nunca habremos sabido quiénes han sido en verdad.

NO TODOS TENEMOS QUE SER PADRES

Tan estúpido que, para encontrarle un fin a su vida, ha tenido que hacer un hijo.

CESARE PAVESE

Ser padre[6] debería ser una elección muy consciente, hecha con la razón además de con el corazón, evaluando lo que significa traer un ser humano al mundo y acompañarlo en su proceso de crecimiento. Supone tener conciencia de la importancia de hacer camino a su lado de forma activa y comprometida en su educación, este difícil proceso de convertirse en persona. Ser padre supone crear el entorno óptimo donde los hijos puedan crecer en equilibrio, y darles seguridad afectiva y vínculos sin ataduras, sin prisiones, sin facturas y sin convertirlos en medios para conseguir nuestros fines.

Si no estamos dispuestos a asumir la responsabilidad del trabajo que supone, no sólo traer al mundo y criar, sino también educar a un hijo, es mucho mejor no elegir esta opción. Aunque se considera «más normal» tener hijos que elegir no tenerlos, debemos tener claro que «no todos *tenemos que* ser padres» y que una persona puede vivir una vida completa y productiva sin necesidad de tener hijos.

---

6. Cuando en este libro hablamos de ser padres nos referimos siempre al concepto «padre/s» genérico que engloba «padre-madre», «padre-padre», «madre-madre». A fin de agilizar la lectura no vamos a ir desglosando ambos términos que damos por supuesto pueden referirse a estas diferentes fórmulas parentales.

> *No digo que no debamos amar a los padres, porque también se puede amar a personas que nos han perjudicado sin querer. Hay padres a los que, en realidad, no se puede amar, y otros bastante amables, aunque hayan cometido muchas equivocaciones.*
>
> ERICH FROMM[7]

La búsqueda de amor y de reconocimiento son lugares comunes compartidos con el resto de la humanidad. Nada es tan esencial y difícil ya que conseguir el amor de los demás no depende sólo de nuestra voluntad —aunque necesite de ella.

Lo cierto es que no escogemos a nuestros padres y tampoco escogemos cómo van a ser nuestros hijos. No siempre son como hubiéramos deseado. Y al no ser personas elegidas, ¿es posible que podamos «no amarlos»? ¿Podemos forzarnos a amar lo que no es «amable» para nosotros? Si alguien nos maltrata o nos desagrada, ¿es posible llegar a amarlo o tan sólo mantenemos las «formas de amor»? Porque una cosa es la razón y otra lo que sentimos. Podemos comprometer conductas pero no sentimientos.

No es cierto que todos los padres amen a sus hijos ni que los amen a todos por igual. No es cierto que, por el hecho de ser sus padres, seamos las personas que más y mejor les amemos. Decía Ronald Laing que si examináramos la vida de la mayoría de los niños descubriríamos que «el amor de los padres» es una de las ficciones más grandes que se han inventado nunca, puesto que en muchas ocasiones no es otra cosa que un disfraz de violencia, es decir, del poder que el padre quiere ejercer sobre el hijo.

---

7. *El arte de escuchar*, Paidós.

Ello no significa que no haya excepciones. Sólo que debemos desmitificar este amor que se da por supuesto. A veces se utiliza la frase «lo hago por tu bien» para esconder el ejercicio de un poder muy particular. Como dice Fromm:[8] «para la mayoría de las personas, la única posibilidad de tener una sensación de importancia, de tener poder y dominio, de hacer mella, influir en algo y mandar, es teniendo hijos».

Dentro de este contexto de poder, de dominio y de control, es importante hacernos la pregunta de si el amor sincero —el buen amor— es compatible con el ejercicio de una autoridad mal entendida. De hecho, sabemos que cuando el deseo de «tener» es la cualidad dominante de la personalidad del adulto, padre o madre, existen elevadas posibilidades de que la relación con los hijos sea el de un amo con su propiedad. En este caso, ¿dónde queda el amor?, ¿qué ocurre cuando ya se tiene al hijo y aparece la realidad de la dificultad de educarlo? Un hijo no es un objeto que se pueda devolver o desechar una vez pasado el deseo. Los padres tenemos una enorme responsabilidad en tres niveles: ante nosotros mismos, ante nuestro hijo y ante la sociedad.

No es obligatorio amar a los padres

Mira de ser quien eres, te amen o no te amen.

FERNANDO PESSOA

La Biblia dice «Honrarás a tu padre y a tu madre», pero nada dice de amarlos. No todos los padres son buenos, ni fáciles de amar. Está mal visto que un hijo afirme no amar a su padre,

---

8. *El arte de escuchar*, Paidós.

pero la realidad es que no todos los padres son «amables». El hecho de ser padre no lo justifica ni lo perdona todo.

Cargamos a los padres con el peso del deber de amar a los hijos; y a los hijos con el peso del deber de amar a los padres. No hacerlo genera grandes sentimientos de culpa. Pero lo cierto es que el amor no puede ni debe ser un deber, es una tendencia del corazón que no se puede forzar. El hecho de ser padre no lleva implícita la prerrogativa de ser amado por los hijos.

El amor a los padres no nace espontáneamente en el momento de nacer el hijo sino que es el resultado de cómo nos han acogido, de la calidad de la relación y comunicación que establecemos con ellos, de su coherencia, de su dignidad e integridad y del cariño y la ternura recibidos.

No elegimos las emociones ni los sentimientos: son, en parte, un producto de nuestra evaluación de la realidad, de nuestro pensar, de nuestro juicio sobre nosotros mismos, sobre los demás y la realidad. No elegimos sentir amor, lo sentimos o no. No obstante, podemos escoger cultivar el amor. Amar bien es muy difícil. Parte de un sentimiento, el amor que deberá actualizarse en amar cada día, mediante actos concretos de amor: amor-cuidado, amor-responsabilidad, amor-compromiso, amor-conocimiento, amor-comunicación. Recibir amor no es un derecho sino un don gratuito. Si aprendemos a *amar bien* a nuestros hijos, su amor por nosotros será una consecuencia natural.

No es obligatorio amar a los hijos

> *El amor es un riesgo terrible porque no sólo nos comprometemos a nosotros mismos. Comprometemos a la persona amada, comprometemos a los que nos aman sin que los amemos y a los que la aman sin que ella los ame.*
>
> EDGAR MORIN

No es obligatorio amar a los hijos y, aun así, es lo que más falta les hace. Desde el momento que elegimos traerlos al mundo adquirimos la responsabilidad de respetarlos, cuidarlos y ayudarlos a crecer.

Hay padres que tienen grandes dificultades para sentir amor por determinados hijos. No todos los niños son igualmente fáciles de amar. Hay hijos difíciles, que interfieren y no respetan, que tienen conductas profundamente egoístas o agresivas. En estos casos, tanto padres como hijos van a necesitar ayuda.

En nuestro entorno cultural, si alguien afirma en público no amar a su hijo es considerado persona *non grata* y deshumanizada. La presión social es tan fuerte que, quien no siente amor, lo esconde y guarda la apariencia de este sentimiento como forma de autoprotección. Al esconderlo, para evitar la vergüenza de sentirse un mal padre, puede sentirse culpable e intentar compensarlo con conductas demasiado sobreprotectoras o demasiado dispendiosas.

No es obligatorio amar a los hijos pero el amor, el respeto y la ternura son vitaminas emocionales que les ayudarán a construir una personalidad armónica y equilibrada. Uno de los actos de amor más importantes que podemos hacer por ellos es educarlos bien. De hecho, un hijo sólo es verdaderamente aceptado y reconocido cuando es educado por sus padres con responsabilidad y amor.

El patito

Yo no creo en los preceptos porque creo en los hom-
bres.

Miquel Martí i Pol

Un santón sufí contaba que, cuando era niño, siempre se le había considerado un inadaptado. Nadie parecía entenderle. Su propio padre le dijo en cierta ocasión:

—Shams, no estás lo suficientemente loco como para encerrarte en un manicomio, ni eres lo bastante introvertido como para meterte en un monasterio. No sé qué hacer contigo.

Él le respondió con un cuento:

—Una vez pusieron a incubar a una gallina un huevo de pato. Cuando se rompió el cascarón, el patito se puso a caminar junto a la gallina madre hasta que llegaron a un estanque. El patito se fue derecho al agua, mientras que la gallina se quedaba en la orilla cloqueando angustiosamente.

Y después de narrarle el cuento prosiguió Shams:

—Pues bien, querido padre, yo me he metido en el océano y he encontrado en él mi hogar. Pero tú no puedes echarme la culpa de haberte quedado en la orilla.

Amor por elección

Me he preguntado a mí mismo muchas veces, ¿yo amo
a mis padres porque soy hijo suyo o más bien soy hijo
suyo porque los amo? ¿Y mis padres, me amaron por-

que yo era hijo suyo o se hicieron mis padres porque me
amaron?

José Luis Descalzo

El amor no viene de la nada, aunque así nos lo han querido hacer creer. El amor se siembra y debe cuidarse a diario. No es fruto de una casualidad sino de un trabajo de actualización constante de nuestra capacidad de amar. Proponemos pasar del sustantivo 'amor' al verbo 'amar'. Porque el hecho es que podemos elegir *amar bien* a nuestros hijos y a nuestros padres. Esta elección deberá plasmarse en actos concretos en nuestra convivencia con ellos, que alimentarán nuestra historia compartida.

Nuestro amor hacia los padres dependerá de si nos han dado alas o nos las han cortado hasta convertirlas en muñones inútiles para volar; si han alimentado nuestro instinto de vida, o bien han nutrido nuestro instinto de muerte; si han favorecido nuestro crecimiento y creatividad o nuestro repliegue, nuestra destructividad y narcisismo.

Los hijos podemos elegir amarlos o tan sólo respetarlos. También podemos elegir separarnos de ellos si llega un momento en que peligra nuestra existencia. No todos los padres son buenos padres como tampoco todos los hijos son buenos hijos. Nos hacemos padres al bien-amar a los hijos. Nos hacemos hijos de nuestros padres cuando les amamos bien.

LOS PADRES NO SOMOS PERFECTOS

A veces resulta difícil crecer, pero es verdad que viviendo
se aprende. Evolucionas, te haces más sabia, creces.

Rosa Montero

Los padres no somos perfectos, ni debemos intentar serlo, pero somos perfectibles y podemos mejorar. A veces intentamos dar una imagen de perfección a los hijos porque creemos que así nos respetarán más o tendremos mayor autoridad. A fin de mantener este simulacro, deberemos hacer uso de máscaras emocionales para esconder que somos humanos, que no tenemos todas las respuestas y que, a veces, nos equivocamos; que sufrimos, lloramos y pueden dañarnos; que sentimos miedo, que no siempre sabemos el camino y que, como ellos, también somos aprendices en este juego de la vida.

No es negativo mostrarnos a nuestros hijos con honestidad y humildad, tal y como somos, sino todo lo contrario. Nos respetarán más por ser lo que somos que por fingir lo que no somos.

LOS PRECIOS DE LA AUTONOMÍA

El que forja destinos ajenos cae en la culpa.

STEFAN ZWEIG

Una de las limitaciones que más afectan la vida de una persona es el deseo desmesurado de conseguir la seguridad ante todo. Muchos padres aspiran esto para sus hijos: un porvenir seguro, un trabajo fijo, casa, coche, dinero... todas aquellas cosas que consideran les pueden dotar de cierto estatus y tranquilidad. No obstante, una educación basada primordialmente en la seguridad evita el cultivo de la creatividad, la libertad, la iniciativa y la capacidad de asumir riesgos. Lo cierto es que, a lo largo de la historia compartida entre padres e hijos, van a darse —inevitablemente— luchas de poder: para hacer, decir, expresar, decidir y explorar. Estas batallas no se dan sin sufrimiento.

El movimiento mediante el cual los hijos se oponen a los padres, los provocan y los inquieren es doloroso por ambas partes.[9] A veces sus deseos de autonomía son tan grandes que cualquier barrera que se interponga entre ellos y su deseo genera una gran cantidad de frustración e ira. En cambio, otras veces sienten que les es imposible renunciar al universo protegido de su infancia y se apegan a nosotros. El caos emocional al que se enfrentan en su lucha para conseguir autonomía es complejo: sienten culpa —ya que saben que nos disgustan—, inseguridad frente a las elecciones que se plantean y a su capacidad de decidir, incertidumbre sobre las consecuencias de sus actos y dudas sobre si disponen de fuerzas necesarias para asumirlas.

Favorecer la autonomía de los hijos tiene un precio: es posible que se alejen de nosotros; también una contrapartida: la satisfacción de haber cumplido con nuestra tarea, que es educarlos y acompañarlos en su proceso de crecimiento para que, mejores o peores, consigan ser ellos mismos.

Reivindicar y conseguir la autonomía también tiene un precio para los hijos: lidiar con la incertidumbre y asumir la responsabilidad sobre su vida. Los padres dejarán de ser los «culpables» de todo lo que vaya mal y deberán asumir las consecuencias de cada decisión. No obstante, también tendrán una contrapartida importante: serán los diseñadores y arquitectos de su propia construcción personal y van a vivir de verdad.

HACER MENOS PARA HACER MÁS

Hijo mío, tu máxima obra es forjarte un futuro. ¿Por qué ser uno de esos muertos en vida, permaneciendo siempre bajo la sombra de los demás, y ocultándote de-

---

9. Idea planteada por G. Snyders.

trás de mil lamentables excusas y disculpas, mientras los años te consumen?

ALEJO CARPENTIER

Muchas veces, la manera de hacer más por un hijo consiste en hacer menos. «No hacer por los demás aquello que ellos pueden hacer por sí mismos» es uno de los principios de la gestión emocionalmente ecológica de las relaciones. Porque si lo hacemos, detenemos o evitamos su crecimiento y la actualización de sus potencialidades y fomentamos la construcción de personalidades débiles, cómodas y dependientes.

A veces nos proyectamos en el hijo, diseñamos su vida y la queremos vestir con nuestra verdad. Pero la autenticidad del amor parte de saber dejarnos contaminar por la verdad del otro. Para conseguirlo, será preciso estar atentos a su evolución y a su momento, escucharlo con amor y saber respetar sus tiempos. Hacer menos puede significar hacer más para su crecimiento y mejora. Ellos tienen que ser los autores de su máxima obra: su vida.

1

UNA ELECCIÓN

- La tarea más importante de nuestra vida va a ser darnos nacimiento a nosotros mismos para llegar a ser la mejor versión de la persona que, potencialmente, ya somos.

- Nuestra principal tarea como padres es nuestra propia construcción como seres humanos.

- Si como hijos no hemos resuelto bien la relación con nuestros padres, como padres vamos a tener problemas añadidos con nuestros hijos.

- La Biblia dice: «Honrarás a tu padre y a tu madre», pero nada dice de amarlos. No todos los padres son buenos ni fáciles de amar.

- El amor no puede ni debe ser un deber, es una tendencia del corazón que no se puede forzar. El hecho de ser padre no lleva implícita la prerrogativa de ser amado por los hijos.

2

SER HIJO, TENER UN HIJO

Tener un hijo significa temblar por el destino de este niño y, por consiguiente, temblar por la suerte de todos los niños. Lo quiera yo o no, mi hijo es solidario de lo que sucederá a todos los niños, a todos los hombres.

G. SNYDERS

SER «PADRE», SER «MADRE»

Tener hijos no lo convierte a uno en padre o madre, del mismo modo en que tener un piano no lo vuelve a uno pianista.

MICHAEL LEVINE

«No es la carne ni la sangre, sino el corazón, lo que nos hace padres e hijos».[10] El «grado» de padre o madre no se adquiere por el simple hecho de llevar un hijo al mundo o adoptarlo. Se ganará invirtiendo en esta relación mucha energía en forma de

10. Friedrich Schiller (dramaturgo alemán, 1759-1805).

trabajo, amor, cuidado, responsabilidad y comunicación. Aunque biológicamente seamos padres y podamos tener derechos legales sobre nuestro hijo, no tenemos, en ningún caso, derechos emocionales sobre su persona. Aprendemos a la vez a conocernos y a amarnos y, como le decía Mafalda a su madre en una de las excelentes viñetas de Quino: «Tú y yo nos graduamos el mismo día».

¿POR QUÉ UN HIJO?

> *Mi hijo me lanza, me relanza hacia la historia; su vida va a desarrollarse a partir de nuestros fracasos y de nuestros triunfos, va a imputarme una parte de responsabilidad.*

G. SNYDERS

«Redecora tu vida. Ten un hijo», ha sido uno de los lemas de una gran cadena multinacional. Muchas personas no se plantean, inicialmente, por qué quieren «tener» un hijo. La ignorancia de que un hijo no es una posesión —algo más que «se tiene»— es la causa de que tampoco se reflexione demasiado sobre los valores y el tipo de educación que se le va a dar. Y si no se sabe qué modelo de persona se quiere, ¿cómo saber hacia dónde dirigir los esfuerzos y mostrarle el camino de su libertad?

A veces los motivos para ser padre son poco generosos y están muy mal planteados. Según los motivos, habría diferentes tipos de hijos, esperados como medio para algo:

- Hijo-cola de pegar: Cuando la pareja no va bien piensan que un hijo puede ser la solución a la falta de amor o de ilusión y que éste será el punto de unión de ambos.

- Hijo-tapón: Se tienen para cubrir vacíos en la propia vida. Una vida llena de agujeros que no se sabe cómo llenar. Entonces se ve al hijo como forma de evitar enfrentarse con el «sin sentido».
- Hijo-posesión: El hijo como un bien más. Algo para exhibir con orgullo y así compensar nuestras carencias o nuestra superficialidad. Fromm nos habla de la «posesividad maligna» que consiste en exhibir a los hijos ante los demás como si fuesen pequeños payasos. Los adultos pueden comportarse de forma humillante para los niños, perjudicar la confianza en sí mismos y disminuir su dignidad y su libertad.
- Hijo-tren: El tren que se escapa. Nos hacemos mayores y pensamos que «toca tener un hijo», que es lo que se espera de nosotros.
- Hijo-cuidador futuro: Una especie de seguro para que, de mayores, alguien nos cuide o ampare.
- Hijo-inmortalidad: Para que algo de nosotros quede, para preservar nuestro patrimonio genético, para no morir del todo.

Lo peor de todo es que, una vez «tenidos», los hijos puedan ser vividos como una molestia, como algo ajeno que ha venido a complicar una existencia individual o de pareja que antes era más fluida o cómoda. Los adultos inmaduros y egoístas pueden sentir que su pareja ya no les dedica tanto tiempo y ver a los hijos como competidores en la lucha por el tiempo, dedicación, atención, interés y amor del otro. De repente, el hijo se convierte en un intruso que causa más problemas que las demás posesiones. Aquí puede iniciarse una especie de batalla que va a causar sufrimiento y destrozos en la dinámica familiar, pero muy especialmente a este ser que ha nacido sin ser preguntado y por motivos equivocados. Tener hijos puede, en muchos casos, ser un acto de pura inconsciencia y egoísmo.

EL ANSIA DE «TENER» UN HIJO

No puedes atrapar el espíritu de un niño corriendo tras él... Debes permanecer tranquilo y el amor hará que regrese por sí solo.

ARTHUR MILLER

«Opino que tener hijos no puede ser un derecho», afirma la filósofa Mary Warnock,[11] quien diferencia la necesidad de tenerlos del derecho a tenerlos.

¿Por qué este ansia de muchas parejas de tener hijos? ¿Por qué, si no se pueden tener, este anhelo de conseguir uno? ¿Es por una vocación de educar? ¿Es altruismo? ¿O acaso el hijo es una forma de realizar su proyecto personal o de pareja? ¿Se ve el hijo como la solución a una dinámica de pareja pobre? De ser así, ¿no puede ser que éste se vea sometido a una enorme presión al ser el único objeto de realización de la vida de sus padres?

¿Qué depositamos en los hijos? Seguramente, y en muchos casos, un gran amor pero también, en reiteradas ocasiones, una gran necesidad, y mucha dependencia. ¿Mucho egoísmo? ¿Intentamos realizarnos a través de los hijos y de sus vidas? ¿Puede ser esta relación una forma de vampirismo emocional? Seamos honestos: quien no ha sido capaz de dar sentido a su vida, puede intentarlo a través de los logros y éxitos de sus hijos. Es humano, pero ¿es justo?

---

11. *El Periódico*, 30-03-05.

¿TENER UN HIJO O EDUCAR UN HIJO?

La mano que mece la cuna rige el mundo.

PETER DE VRIES

Hace unos años el índice de natalidad era más elevado. Hoy en día las parejas tienen menos hijos y más tarde. *Así podremos darle lo mejor*, dicen. Mejor educación y mejor calidad de vida. Lo mejor suele centrarse en algo material y comporta invertir mucha energía en asegurar los ingresos necesarios para mantener el nivel de vida deseado. Más horas y dedicación al trabajo, menos tiempo disponible para estar en casa, menos tiempo para criar y educar a los hijos, más sentimientos de culpa.

¿Calidad de vida? ¿Calidad de sentimientos? ¿Calidad de educación? Sin calidad de sentimientos y sin calidad de educación no hay calidad de vida para nuestros hijos, a pesar de que les demos muchas cosas materiales, vayan a la última moda en vestido y tecnología y no les falte de nada. Tener un hijo es fácil. Mantenerlo cuesta. Educarlo es el gran reto. Sólo será posible si los padres somos capaces de conseguir el equilibrio necesario entre el tener y el ser; entre lo necesario y lo superfluo, entre la vida laboral y la familiar.

Tan sólo tenemos la custodia provisional de nuestros hijos y, si cumplimos bien nuestro papel, nuestros hijos se irán con amor. Y si se van así, significa que son personas independientes y autónomas. Y si nos aman, no será porque nos necesiten, sino que nos van a necesitar porque nos aman.[12] Para no crear relaciones de dependencia con los hijos es preciso que nosotros hayamos resuelto la relación con nuestros propios padres.

---

12. Erich Fromm, *El arte de amar*. Paidós.

UNA PREGUNTA QUE HACEMOS AL DESTINO

Puedes darles tu amor, pero no tus ideas,
porque ellos tienen sus propias ideas.
Puedes alojar sus cuerpos, pero no sus almas.
porque sus almas moran en la casa del mañana,
y tú no puedes visitarla ni en sueños.

KHALIL GIBRAN

José María Pemán decía: «Un hijo es como una estrella a lo largo del camino, una palabra muy breve que tiene un eco infinito. Un hijo es un pregunta que le hacemos al destino».

Una pregunta que lanzamos pero que no podemos responder nosotros. Los padres somos los arqueros que lanzamos la flecha, pero no somos la flecha ni el destino de la flecha. La misión de la flecha es viajar hasta encontrar su diana y no quedarse en el arco, porque perdería su esencia. Los arqueros deben estar preparados para desprenderse de su flecha. Su misión es lanzarla al infinito, darle fuerza y saber decirle: adiós y ¡buen viaje!

VENTANA SOBRE LA LLEGADA

El verdadero lugar de nacimiento es aquel donde por primera vez nos miramos con una mirada inteligente.

MARGUERITE YOURCENAR

Eduardo Galeano, en uno de sus preciosos textos, explica la importancia de enseñar a los hijos a amar el misterio para que lo incorporen como parte de su equipaje vital. Este legado les permitirá ser personas más equilibradas, sensibles, creativas y respetuosas, adquiriendo conciencia de la importancia de dejar espacio para el misterio en sus relaciones personales.

> El hijo de Pilar y Daniel Weinberg fue bautizado en la costanera. Y en el bautismo le enseñaron lo sagrado.
> Recibió una caracola: «Para que aprendas a amar el agua».
> Abrieron la jaula a un pájaro preso: «Para que aprendas a amar el aire».
> Le dieron una flor de malvón: «Para que aprendas a amar la tierra»
> Y también le dieron una botella cerrada: «No la abras nunca, nunca. Para que aprendas a amar el misterio».

UN HIJO, UN PROYECTO

Sostén con ternura aquello que aprecias.

BOB ALBERTI

Un proyecto con vida propia. Un proyecto que no decidimos y que sólo tutelamos un tiempo. Un proyecto que acabará con el alejamiento del hijo, que deberá hallar y seguir su camino si realizamos bien nuestra función de padres. Podemos gozar observando y compartiendo sus pasos, pero nunca vamos a compartir su destino. Su destino es suyo y no nuestro. No podemos ni debemos intentar vivir su vida. El camino se puede compartir, pero el destino es individual e intransferible y no deberíamos intentar apropiárnoslo. Cuando los padres quieren hacer suyo el destino de sus hijos acaban aspirando la vida y la energía de la persona que aseguran amar.

Acompañar a los hijos en su viaje de maduración es uno de los proyectos más importantes y difíciles que podemos elegir y de una enorme responsabilidad. Porque no se trata de modelar al niño como nosotros deseamos que sea, sino de ir observando quién es realmente y permitirle ser lo mejor que pueda, favoreciendo su crecimiento.

En cierta ocasión una niña entró en el taller de un escultor. Durante largo rato estuvo disfrutando de todas las cosas asombrosas que había en el taller: martillos, cinceles, pedazos de esculturas desechadas, bocetos, bustos, troncos... todo tipo de materiales. Pero lo que más impresionó a la niña fue una enorme piedra situada en el centro del taller. Era una piedra tosca, llena de magulladuras y heridas. Era una piedra sin forma, desigual y rozada por el transporte desde su lugar de origen. La niña estuvo acariciando mucho rato la superficie rugosa de la piedra y, después de un rato, se fue.

A los pocos meses la niña regresó al taller y vio sorprendida que en el lugar de la enorme piedra se erguía un hermosísimo caballo que parecía ansioso de acabar de liberarse de la fijeza de la estatua y ponerse a galopar. Entonces la niña se dirigió al escultor y le dijo:

—¿Cómo sabías tú que dentro de esa enorme piedra se escondía este precioso caballo?

COMO UNA CAJA DE CERILLAS

Mi abuela tenía una teoría muy interesante, decía que si bien todos nacemos con una caja de cerillas en nuestro interior, no las podemos encender solos, necesitamos oxígeno y la ayuda de una vela. Sólo que en este caso el oxígeno tiene que provenir, por ejemplo, del aliento de la persona amada; la vela puede ser cualquier tipo de alimento, música, caricia, palabra o sonido que haga disparar el detonador y así encender una de las cerillas. Por un momento, nos sentiremos deslumbrados por una intensa emoción.[13]

NO ELEGIMOS A NUESTROS HIJOS

> *Los hijos no eligen a los padres al nacer, pero enseguida se nota que los padres, de tener algún interés, deben hacer algo para ser elegidos.*
>
> VICENTE VERDÚ

Podemos escoger tener hijos o los podemos tener sin haberlo escogido. En ambos casos será decisión nuestra el tipo de relación a construir con ellos. Pueden gustarnos más o menos. Podemos estar en mayor o menor acuerdo con su posición ante la vida y sus retos. Los acompañamos sólo un trecho de su recorrido vital. Conscientes de que se irán y de que deben irse. Nuestra tutela es provisional. Lo mejor de todo es que podemos elegir amarles, y ellos pueden elegir amarnos.

¿ALERGIA A LOS HIJOS?

> *Algunos padres son precisamente alérgicos a cierto tipo de hijos.*
>
> ERICH FROMM

---

13. Laura Esquivel, *Como agua para chocolate*, Mondadori, 1989.

En realidad debemos admitir que algunos niños lo ponen realmente difícil a sus padres. Pueden facilitar o dificultar la relación que mantienen con ellos y no sería justo pensar que, cuando las relaciones de padres e hijos son difíciles, todo es responsabilidad de los padres.

Hay hijos con un temperamento poco compatible con alguno de los padres. Fromm menciona el caso de una madre muy tímida y sensible que tuvo un hijo de temperamento agresivo y tosco. A esta madre le era difícil sentirse conectada con su hijo. No debemos culpar a la madre ni culpar al hijo por el hecho de que sea difícil la afinidad. Esto no significa que no pueda existir amor entre ellos, tan sólo que la construcción de este amor requerirá mayores esfuerzos por ambas partes.

Se cuenta que Freud, ya de pequeño, era muy arrogante. Un día se orinó en la cama de su padre y dicen que lo consoló diciendo: «Cuando sea mayor, te compraré la cama más bonita de Viena». Parece ser que ni se apenó ni se excusó como el padre esperaba que hiciera.

Es un error creer que por el hecho de que un hijo sea «tuyo» ya tiene que nacer siendo simpático contigo. También es falso creer que a los padres debe gustarles siempre la manera de ser de sus hijos. Y viceversa.

ESCOGER AMAR BIEN

Antes de casarme tenía seis teorías sobre la crianza de los hijos; ahora tengo seis hijos y no tengo teorías.

JOHN WILMOT

El sentimiento se puede cultivar. Podemos elegir mantener conductas para amar bien a nuestros hijos. Esto supone permitirles ser y construirse de la forma en que les sea propia aceptando que *él no es yo* y que *yo no soy él*. ¿Acaso alguien daría instrucciones para cambiar los colores de una puesta de sol? Póngame más naranja a la izquierda y color blanco plateado difuminado en el centro y quite un poco de amarillo del extremo. Ridículo. Cada puesta de sol es única y es importante aceptar que así es para gozar de su luz y de su oscuridad. La aceptación y el respeto son ingredientes esenciales para que ellos crezcan bien.

Amar bien es la mejor fórmula para protegerles de la destructividad. El amor pone en marcha el «efecto boomerang positivo»: Lo que les hacemos a ellos —amarles bien—, ellos se lo harán a sí mismos y a los demás.

A TODOS LOS QUIERO IGUAL

> *¿Vale siempre lo mismo el amor a un hijo?*
> *Claro que no. Hay hijos a quienes se aprecia más que a otros.*

VICENTE VERDÚ[14]

A veces decimos que queremos igual a todos nuestros hijos y que les tratamos de la misma forma, en un intento de mostrar que somos unos padres justos. En cuanto al trato, no puede ser igual: hay diferencias de edad, de características personales y conductas. Estímulos diferentes dan lugar a respuestas distintas. En cuanto al amor, es difícil medir un sentimiento, pero seguramente cada hijo genera unos tonos, unos matices y un paisaje de amor distinto. Y que sea distinto no reduce ni aumenta el amor.

---

14. «El amor a los hijos». *El País*, 20-10-02.

¿Acaso es mejor un paisaje de playa que de montaña? Ambos pueden ser muy bellos y difícilmente comparables.

LOS LEGADOS

> *Solamente dos legados duraderos podemos aspirar a dejar a nuestros hijos: uno, raíces; el otro, alas.*

> HOLDING CARTER

LEGADO 1: DESCUBRIMIENTO Y ACCIÓN

Mario Cuomo, ex gobernador de Nueva York, cuenta que su madre le dijo una vez:

—Sólo hay dos reglas para tener éxito. Una, descubre qué es lo que quieres hacer en la vida; dos, hazlo.

LEGADO 2: PALABRA Y SENSATEZ

Un hombre que estaba en su lecho de muerte mandó llamar a su hijo.

—No tengo nada para dejarte, pero sí te digo que tengas siempre presente en tu vida estos dos vocablos: palabra y sensatez. En cuanto a la palabra, si prometes amor para toda la vida deberás cumplirlo cueste lo que te cueste.

El hijo reflexionó un momento y preguntó a su padre:

—¿Y la sensatez?

Su padre le respondió sin vacilar:

—La sensatez consiste en no hacer nunca una promesa tan estúpida.

LEGADO 3: LA GRANDEZA Y LOS DETALLES

Un mercader envió a su hijo a educarse con el más sabio de todos los hombres para que aprendiera el secreto de la felicidad. El muchacho anduvo muchos días por el desierto, hasta que llegó a un castillo en lo alto de una montaña. El sabio vivía allí. Cuando entró en una gran sala del recinto vio una actividad inmensa: mercaderes que entraban y salían, personas que conversaban por los rincones, una pequeña orquesta tocando suaves melodías y una mesa cubierta de los más ricos manjares.

El sabio iba conversando y atendiendo a todos, motivo por el cual el joven tuvo que esperar más de dos horas. Finalmente, al saber el motivo de la visita del muchacho, le dijo que en aquel momento no tenía tiempo para explicarle el secreto de la felicidad, y le sugirió que aprovechara para dar una vuelta por el castillo. Después de otras dos horas podía volver a buscarle.

—Quiero pedirte un favor —continuó el sabio, entregando al muchacho una cucharilla en la que dejó caer dos gotas de aceite—. Mientras vas caminando, lleva esta cucharilla sin permitir que se derrame el aceite.

Así pues el chico, manteniendo los ojos fijos en la cucharilla empezó a subir y a bajar las escalinatas del palacio y caminó por sus recintos. Después de dos horas regresó con el sabio.

—¿Has visto las tapicerías de Persia que hay en el comedor? ¿Y el jardín que desde hace cien años es la admiración de todos? ¿Y los pergaminos antiguos de mi biblioteca?

El muchacho, avergonzado, confesó que no había visto nada, pendiente como estaba de no derramar las gotas de aceite que el sabio le había confiado.

—Vuelve, pues, y conoce las maravillas de mi mundo. No puedes confiar en un hombre si no has visto su casa.

Esta vez, más tranquilo, el muchacho cogió la cucharilla y recorrió de nuevo el palacio. Se fijó en todas las obras de arte, en todas las bellezas que contenía, los jardines, los jarrones magníficos repletos de flores colocadas con arte, los pergaminos antiguos... Al regresar al lado del sabio le relató con pormenores todo lo que había visto.

—Pero ¿dónde están las dos gotas de aceite que te confié?

Mirando la cucharilla, el joven se dio cuenta que las había derramado.

—Pues éste es el único consejo que te puedo dar, muchacho. El secreto de la felicidad está en mirar todas las maravillas del mundo sin olvidarte nunca de las dos gotas de aceite de la cucharilla.

LEGADO 4: AUSTERIDAD Y DESPRENDIMIENTO

A veces hay legados que aparentemente han sido nefastos pero que, bien gestionados, pueden transformarse en oportunidades para crecer y ser más autónomos. Veamos este fragmento de António Lobo Antunes:

La violenta inseguridad de mi padre y la aspereza de mi madre me impacientaban: tuve que construirme solo, no contra ellos sino de espaldas a ellos, y creo que me hizo bien: me hizo libre. Les estoy agradecido porque no me dieron nada, a no ser la materia con la que me modelé. Pensándolo mejor, creo que heredé su austeridad, su desprendimiento. No me resulta difícil marcharme en cualquier momento, sea donde sea, sin necesitar maleta.

2

SER HIJO, TENER UN HIJO

- Aunque biológicamente seamos padres y podamos tener derechos legales sobre nuestro hijo, no tenemos, en ningún caso, derechos emocionales sobre su persona.

- Tener hijos puede, en muchos casos, ser un acto de pura inconsciencia y egoísmo.

- Quien no ha sido capaz de dar sentido a su vida, puede intentarlo a través de los logros y éxitos de sus hijos. Es humano, pero ¿es justo?

- Es falso creer que por el hecho de que un hijo sea «tuyo» ya tiene que nacer siendo simpático contigo. También es falso creer que a los padres debe gustarles siempre la manera de ser de sus hijos.

- Nuestra influencia sobre los hijos dependerá sobre todo de nuestra capacidad para amarles y de nuestra coherencia personal en el pensar, sentir y hacer.

3

¿VÍNCULOS O ATADURAS?

Vivir es vincularse. No escogemos a nuestros padres ni a nuestros hijos, pero sí el tipo de relación que establecemos con ellos.

ECOLOGÍA EMOCIONAL

EN BUSCA DE LUZ

El pleno desarrollo del ser humano requiere ciertas condiciones. Si estas condiciones no se cumplen, si en vez de calor tiene frialdad, si en vez de libertad tiene coacción, si en vez de respeto recibe sadismo, el niño no morirá pero se volverá un árbol torcido.

ERICH FROMM

Todo ser humano quiere vivir y lograr el máximo de felicidad y placer en su vida. Nadie quiere ser desgraciado y, por este motivo, podríamos pensar que el hecho de que muchas personas sufran más que la mayoría —aunque no hayan padecido sucesos vitales traumáticos, ni enfermedades terribles o desgracias que lo puedan explicar— puede ser debido a que buscan su salvación por un camino equivocado.

Erich Fromm compara el desarrollo desviado con el crecimiento de un árbol de jardín que se ha colocado entre dos muros y recibe poco sol. Poco a poco, este arbolito se irá deformando buscando la luz del sol que necesita para crecer. De forma parecida, si las necesidades básicas de un niño no son cubiertas, éste buscará la forma de satisfacerlas aunque conseguirlo suponga torcerse. Esta deformación será el resultado de la solución desadaptativa que va dando a los problemas de su vida. Nietzsche[15] afirmó con contundencia: «Hay quien da en el clavo, pero no en la cabeza del clavo, y deja el problema irremediablemente torcido. Mejor habría sido que no le hubiera dado».

El doctor Folch, en el prólogo de nuestro libro *Ecología emocional* afirma lo siguiente:

> No fuimos lo bastante sabios. La sabiduría es conocimiento en el seno de una escala de valores. Desplazados los valores por ambiciones y dogmas, la sabiduría se nos fue de los dedos cual puñado de agua incomprendida... La felicidad no se alcanza en un estado semejante. Y no siendo felices, no logramos ser buenos.

Para recuperar la sabiduría es preciso recuperar los valores. Valores para ser felices y felicidad para ser buenos. ¡Vayamos en busca de la luz!

---

15. *Fragmentos póstumos*, frag. 23 (68). Abada editores.

CONOCIMIENTO PARA ENFRENTARNOS AL MIEDO

La duda es el principio de la sabiduría.
No hay genio sin un gramo de locura.

ARISTÓTELES

Jorge Wagensberg nos plantea lo siguiente:

> Imaginemos por un instante al primer ser humano que accedió al conocimiento abstracto. Seguramente abrió los ojos, miró el mundo y se asustó. Se asustó mucho. ¿Cómo mantener la propia identidad con independencia de los caprichos de un mundo tan incierto? ¡Con el conocimiento! Aferrarse al conocimiento sin tener aún conocimiento al que aferrarse debía ser aterrador. Muchos debieron morir de pánico o de autocompasión, pero unos cuantos, pocos, que habían nacido con una fe indestructible en algo, consiguieron dominar su miedo y continuar vivos. Es de estos pocos de quienes todos somos descendientes, está claro.

Conocimiento no es información. Para conocer hay que arriesgarse y experimentar. El conocimiento es el fruto del aprendizaje. Para vivir sin miedo nuestros hijos necesitan apoyarse en conocimientos útiles para la vida. Lo curioso es que, en el transcurso de nuestra educación, se nos dan informaciones que no nos sirven, otras que están equivocadas y hay muchos conocimientos que nos faltan y son necesarios para vivir de forma más productiva, creativa y armónica. Los padres podemos proporcionarles oportunidades para adquirir las experiencias y aprendizajes que les permitan gestionar su miedo, ser valientes, equilibrados y vivir vidas íntegras.

> *Los hilos invisibles son los que más fuertemente nos atan.*

FRIEDRICH NIETZSCHE[16]

Un profesor universitario propuso a los alumnos de su clase de sociología que se adentrasen en los suburbios de Boston para conseguir las historias de doscientos jóvenes. También les pidió que ofrecieran una valoración sobre las posibilidades de cada entrevistado de evolucionar positivamente en el futuro. En todos los casos los estudiantes escribieron: «Sin la menor probabilidad».

Veinticinco años después, otro profesor de sociología dio casualmente con el estudio anterior y encargó a sus alumnos realizar un seguimiento del proyecto, para ver qué había sucedido con aquellos chicos. Con la excepción de 20 de ellos, que se habían mudado o habían muerto, los estudiantes descubrieron que 176 de los 180 restantes habían alcanzado éxitos superiores a la media como abogados, médicos y hombres de negocios.

El profesor se quedó atónito y decidió continuar el estudio. Afortunadamente, todas aquellas personas vivían en la zona y fue posible preguntarles a cada una cómo explicaban su éxito. En todos los casos, la respuesta más frecuente fue: «Tuve una maestra...».

La maestra aún vivía, y el profesor buscó a la todavía despierta anciana para preguntarle de qué fórmula má-

---

16. Friedrich Nietzsche, *Fragmentos póstumos*. Abada Editores. Frag. 5 (I) 267.

gica se había valido para salvar a aquellos chicos de la sordidez del suburbio y guiarlos hacia el éxito.

—En realidad es muy sencillo —fue su respuesta—, yo los amaba.[17]

SOBRE VÍNCULOS Y RELACIONES

Para educar a un niño hace falta la tribu entera.

PROVERBIO AFRICANO

No escogemos a nuestros padres ni tampoco a nuestros hijos. Pero podemos escoger quedarnos o irnos, continuar vinculados o desvincularnos, trabajar para mejorar y hacer crecer nuestra relación o coartarla. Así pues, somos responsables de las relaciones que elegimos y del tipo de relación que establecemos y tenemos.

Vivir es vincularnos, pero vincularnos no significa mantener relaciones de poder, sumisión o dependencia. Los vínculos emocionalmente ecológicos se basan en el afecto, en el respeto, en la libertad responsable y no requieren una presencia física constante. Son elásticos, flexibles, no hieren, no atan ni necesitan ser cortados. Uno puede crecer y construir su vida en libertad y seguir vinculado afectivamente a las personas que ama. Las relaciones sanas no exigen exclusividad y aceptan que se añadan nuevos eslabones afectivos a la red relacional.

Las bases de cómo nos relacionaremos en el futuro se colocan desde muy temprano. Sabemos que los niños muy pequeños pueden forjar tres tipos de vínculos emocionales:[18] el *vínculo*

---

17. Eric Butterworth.
18. Basado en Boris Cyrulnik, (véase bibliografía).

seguro, el *vínculo ambivalente* y el *vínculo de evitación.* Los niños vinculados de forma segura se entristecen cuando hay una separación pero, cuando su figura de vínculo[19] regresa, buscan su proximidad y pueden ser consolados. Los que han formado un vínculo ambivalente, cuando regresan al lado de su figura de vínculo después de una separación, buscan su proximidad pero no quieren ser consolados. Finalmente, quienes han construido vínculos de evitación no realizan ningún tipo de esfuerzo para relacionarse después de una separación e incluso la rehúyen. Según José Antonio Marina, los niños seguros muestran tanto las emociones positivas como las «negativas»,[20] los niños ambivalentes tienden a experimentar más emociones «negativas» que positivas y los niños evitadores muestran pocas emociones de cualquier tipo.[21]

En función de cómo desarrollemos nuestro rol de padres y, sobre todo, de cómo manejemos nuestras propias emociones, vamos a fomentar uno u otro estilo de relación. La mejor alternativa es tejer vínculos afectivos seguros. Sólo así nuestros hijos podrán crecer y expandirse como seres humanos y atreverse a explorar, en lugar de replegarse y evitar relacionarse para no tener que enfrentarse a los conflictos y al caos emocional.

19. Padre, madre, cuidador.

20. Desde la perspectiva de la Ecología Emocional las emociones no son consideradas ni positivas ni negativas. La positividad o negatividad dependerá de cómo éstas se gestionen y por lo tanto de su impacto en el medio relacional. Negativas: desagradables de sentir, miedo, ira, celos, rencor, resentimiento. Positivas: agradables de sentir, alegría, ternura, paz, serenidad, ilusión, amor.

21. J. A. Marina. *El laberinto emocional,* Anagrama.

¿EDUCAR O DOMESTICAR?

Con el viejo principio de la recompensa y el castigo se pueden domesticar niños, pero no educarles.

MARIA MONTESORI

Educar en libertad significa acompañar a nuestros hijos en el pensar, sentir y vivir, mostrándoles los diferentes aspectos de la vida y explicándoles que casi siempre existen alternativas, que pueden elegir y que esta libertad supone asumir responsabilidades, pagar precios y dejar unos caminos para seguir otros.

Pitágoras decía «Educad a los niños y no será necesario castigar a los hombres». Al plantearnos la educación de un hijo no debemos olvidar que éste no es un simple espectador. Nuestro hijo deberá ser el *narrador de sí mismo* y, por lo tanto, su educación debe tener como finalidad fomentar su autodependencia, sentido crítico, criterio y la capacidad de asumir el control de su propia existencia y dirigirla con sentido. Nuestra tarea como educadores debe basarse más en la influencia que en la obediencia.

Lo mejor que podemos hacer por nuestros hijos es proporcionarles recursos para que puedan ir inventando su vida constantemente y de forma creativa. Ellos van a convivir con personas que tendrán valores y objetivos diferentes a los suyos y que aplicarán estrategias distintas para enfrentarse a las dificultades. Por lo tanto, es esencial educar su sentido crítico, y proporcionarles unos valores personales sólidos que los capaciten para el diálogo, la tolerancia, la solidaridad y la búsqueda de soluciones creativas a los problemas que se les presenten, sin dejar de ser ellos mismos.

Creo que vale la pena apostar por el hombre...
Si no existiese esta confianza en el hombre,
no valdría la pena conservar nuestra especie.

Primo Levi

La comadrona ayuda al niño a nacer y corta el cordón umbilical. El niño a veces se resiste, y llora. El nacimiento —dar a luz— puede ser, en algunos casos, una experiencia angustiosa para la madre y para el hijo. La vivencia del parto no es ajena al sufrimiento pero va unida a la alegría del nuevo inicio que parte de la primera separación madre e hijo. Sólo separándose se podrán encontrar y reconocer como personas distintas y únicas. Cortar el cordón umbilical sólo es el primer paso de muchos otros que ambos tendrán que dar a lo largo de su relación.

Educere = extraer, desde adentro hacia afuera. Educar supone ser capaces de facilitar la salida y la actualización de los mejores potenciales de nuestros hijos. Para conseguirlo deberán pasar de un entorno seguro a la zona de incomodidad e incertidumbre que es *vivir afuera*. Los padres deberíamos actuar de forma similar a la comadrona que ayuda a salir al niño de la seguridad del vientre materno porque el hecho de quedarse allí significaría para él la muerte.

LA DIRECCIÓN ADECUADA

Mi buen amigo, siendo ateniense, de la ciudad más grande y prestigiosa en sabiduría y poder, ¿no te avergüenzas de preocuparte de cómo tendrás las mayores riquezas y la mayor fama y los mayores honores, y en cambio no te preocupas ni interesas por la inteligencia, la verdad y por cómo tu alma va a ser lo mejor posible?

Sócrates

Nuestros hijos no se educan por lo que les decimos sino por lo que nosotros hacemos y somos. Ya nadie duda que el principal elemento de influencia en la educación son los modelos que los adultos proporcionamos a los niños. La acción coherente de los padres, bien orientada por unos valores elegidos de forma emocionalmente inteligente, va a marcar la diferencia en los resultados del proceso de educar.

> Los indios dakotas americanos ya eran conscientes de ello y consideraban que lo más difícil de la paternidad no era tanto vigilar la conducta de los niños sino la de los propios padres. Su método para educar era hacerles observar detenidamente la conducta de los adultos.[22] ¿Os habéis preguntado qué conductas nuestras observan nuestros hijos?, ¿les predicamos unas cosas y practicamos las contrarias?, ¿les decimos que deben ser generosos, pacientes y perseverar en lo que es importante, mientras que vivimos de forma egoísta, ansiosa, nos irritamos con facilidad y dejamos de lado lo que implica esfuerzo? La incoherencia les desorienta y les mueve hacia el camino más fácil. Para que nuestros hijos tomen la dirección adecuada, nosotros debemos ir hacia allí.

---

22. Artículo de Álex Rovira (*El País semanal*, 04-12-05), referencia extraída del libro *Cuando la hierba es verde*, de Esteve Serra.

BIOGRAFÍA

¿Qué mensajes e informaciones hemos recibido? ¿Cómo nos han influido? ¿Informaciones, o experiencias útiles? Un reflejo de algunas en un poema de Gabriel Celaya:

No cojas la cuchara con la mano izquierda.
No pongas los codos en la mesa.
Dobla bien la servilleta.
Eso, para empezar.
Extraiga la raíz cuadrada de tres mil trescientos trece.
¿Dónde está Tanganika? ¿En qué año nació Cervantes?
Le pondré un cero en conducta si habla con su compañero.
Eso, para seguir.

¿Le parece a usted correcto que un ingeniero haga versos?
La cultura es un adorno y el negocio es el negocio.
Si sigues con esa chica, te cerraremos las puertas.
Eso, para vivir.

No seas tan loco. Sé educado. Sé correcto.
No bebas, no fumes. No tosas. No respires.
¡Ay sí, no respirar! Dar el no a todos los nos.
Y descansar: morir.

EL LAUREL

Modelando y modelando nos quedamos sin arbusto. Este relato de Bertolt Brecht[23] nos hace pensar en la importancia de no perder de vista la esencia de lo que es cada persona. A veces,

---

23. «Historias del señor Keuner», Barral Editores.

centrándonos en las formas, nos podemos quedar sin contenido.

> En cierta ocasión, un jardinero con el que trabajaba me dio una podadora con el encargo de que recortase un arbusto de laurel. El arbusto estaba plantado en un macetón y se empleaba en las fiestas como elemento decorativo. Había que darle forma esférica. Comencé por podar las ramas más largas, mas por mucho que me esforzaba en darle la forma apetecida, no conseguía ni siquiera aproximarme. Una vez me excedía en los cortes por un lado, otra vez por el lado opuesto. Cuando por fin obtuve una esfera, resultó demasiado pequeña.
>
> El jardinero me comentó decepcionado:
>
> —Muy bien, la esfera ya la veo, pero ¿dónde está el laurel?

LA PROTECCIÓN DE EDUCAR LA AFECTIVIDAD

> *La sustancia del afecto es sencilla: una mirada, un tono de voz, un chiste, unos recuerdos, una sonrisa, un paseo, una afición compartida. La mirada afectuosa nos enseña, en primer lugar, que las personas están ahí y después que podemos pasar por alto lo que nos molesta de ellos, que es bueno sonreírles y que podemos llegar a tratarles con cordialidad y aprecio.*
>
> JOSÉ RAMÓN AYLLON

Se trata de amar. Porque para crecer y construirnos bien todos necesitamos la sustancia del afecto: algo tan sencillo, tan gratuito, tan esencial e imposible de comprar. Se trata de amar bien a nuestros hijos para que ellos sepan bien amar a otras personas, dándoles un amor que libere, vincule, no ate y les proporcione un entorno óptimo donde puedan crecer. Nuestro afecto debe sustentarse en una estructura de valores válidos para el buen vivir[24] y convivir.

Buena parte del actual aumento de violencia en jóvenes y adultos tiene su explicación en la mala educación afectiva o en su carencia. El mundo emocional es un gran desconocido y las emociones les sorprenden y les cogen desprevenidos. No saben gestionar el caos emocional, ni dirigir y canalizar el enorme caudal de energía que los afectos les proporcionan.

Nadie nace educado afectivamente. La libertad y la responsabilidad son dos ingredientes imprescindibles que deben vincularse a la afectividad si queremos que nuestros hijos cuenten con una buena autoprotección. La libertad se educa y no siempre este aprendizaje se hace bien. Si la libertad que les damos no va unida al aprendizaje de la responsabilidad, nuestros hijos tendrán graves problemas para vivir una buena vida. Los padres somos responsables de enseñarles a canalizar su potencial creativo porque *toda energía que no se invierte en crear, se dirige a destruir*. Es preciso proporcionar modelos de adultos afectivamente más equilibrados y armónicos.

---

24. Vida más humana, convivencia generosa, creativa y solidaria.

3
¿VÍNCULOS O ATADURAS?

- Si las necesidades básicas de un niño no son cubiertas, éste buscará la forma de satisfacerlas aunque conseguirlo suponga torcerse.

- No escogemos a nuestros padres ni tampoco a nuestros hijos. Pero podemos escoger quedarnos o irnos, continuar vinculados o desvincularnos, trabajar para mejorar y hacer crecer nuestra relación o coartarla.

- *Educere* = extraer, desde adentro hacia afuera. Educar supone ser capaces de facilitar la salida y la actualización de los mejores potenciales de nuestros hijos.

- Nuestros hijos no se educan por lo que les decimos sino por lo que nosotros hacemos y somos.

- Si la libertad que les damos no va unida al aprendizaje de la responsabilidad, nuestros hijos tendrán graves problemas para vivir una buena vida.

SEGUNDA PARTE

Las dinámicas relacionales ¿muros o puentes?

Donde hay amor, hay vida.

MAHATMA GANDHI

UN SISTEMA RELACIONAL DESADAPTATIVO

El mundo de vuestra verdad puede ser mi limitación;
vuestra sabiduría, mi negación.
No me instruyáis, caminemos juntos.

HUMBERTO MATURANA ROMECIN

INSTINTO DE MUERTE, INSTINTO DE VIDA

El dilema inicial: ¿crear o destruir?[25]

Nuestra vida nos permite ir descubriendo quiénes somos en realidad. En nuestro interior existe una permanente batalla entre dos instintos:[26] instinto de vida, *biofilia*, e instinto de muerte, *necrofilia*. Entre las pasiones que conforman el instinto de muerte se hallan la destructividad, el deseo de retorno al útero materno y el narcisismo extremado. Entre las pasiones que nos mueven a la vida se encuentran el amor, el gusto de pensar, el interés por el mundo, la naturaleza y las personas, y el arte.

---

25. *Ecología emocional*, de los autores, RBA, 2007.
26. Erich Fromm, *El arte de escuchar*. Paidós.

El viejo jefe de la tribu tenía una charla animada sobre la vida con sus nietos. En un momento dado les dijo:

—Una gran pelea tiene lugar en mi interior. Es una pelea de lobos. Uno de los lobos es la maldad, el temor, la ira, los celos, la envidia, el dolor, el rencor, la avaricia, la arrogancia, la culpa, el resentimiento, la mentira, el orgullo, la egolatría, la competitividad y la superioridad. El otro lobo es la bondad, el coraje, la alegría, la paz, la esperanza, la serenidad, la humildad, la dulzura, la generosidad, la ternura, la amistad, la verdad, la compasión y el amor. Esta misma pelea tiene lugar en el interior de cada uno de los seres humanos que habitan la Tierra.

Los niños se quedaron unos minutos en silencio y a continuación uno de ellos le preguntó al viejo jefe:

—Abuelo... ¿y cuál de los dos lobos va a ganar la batalla?

El viejo jefe de la tribu respondió simplemente:

—Va a ganar aquel de los dos lobos que cada uno alimente.

¿Qué instinto domina en nuestra vida? ¿Cuál deseamos que prevalezca en la vida de nuestros hijos? Los padres podemos reforzar una u otra tendencia. Si fomentamos las conductas narcisistas, egocentristas o poco generosas; si las soluciones que damos a los problemas que la vida nos plantea son destructivas; si nos encogemos en una vida cerrada y nos aislamos en nuestras casas cómodas olvidándonos de los demás y de lo que pasa en el mundo... vamos a reforzar el instinto de muerte de nuestros hijos.

Sabemos que ciertos sucesos vitales de nuestra primera etapa de vida crean la base sobre la que se asentará nuestra construcción futura. Estos cimientos pueden ser sólidos o pueden ser débiles; su base puede ser amplia o estrecha. No se puede concluir que los primeros años determinen nuestra vida futura, pero —como afirmó Erich Fromm—[27] pueden inclinarla y condicionarla hasta cierto punto. Pero aunque el instinto de muerte haya colocado su base, es posible dar cabida al instinto de vida. Para invertir la tendencia deberemos efectuar reformas estructurales profundas en nuestra vida y no limitarnos tan sólo a un cambio de decoración de nuestro edificio interior.

Somos responsables de dar respuestas individuales a los retos colectivos que la vida plantea, somos responsables ante nosotros mismos y ante nuestros hijos. ¿Educar para movilizar la energía hacia la creatividad o hacia la destrucción? Nosotros elegimos.

EN LA VIDA NO PODEMOS HACER «ZAPPING»

¿Por qué algunos hombres arrugan la frente aunque luzca
el sol, mientras que otros consiguen silbar bajo la lluvia?

PHIL BOSMANS

Tenemos la posibilidad de proporcionar a nuestros hijos un modelo de persona emocionalmente ecológica. Alguien más autónomo y más fuerte para dar respuesta a los retos que la vida le plantee; capaz de tolerar mejor las frustraciones y de mantener el equilibrio en situaciones de conflicto y crisis. La ecología emocional propone un modelo de persona ilusionada por vivir, que mantiene y alimenta su curiosidad, aprende, crea y ama.

Para conseguir esta persona, psicológica y emocionalmente sana y capaz de gozar de un buen nivel de bienestar emocional, será necesario realizar un trabajo de mejora constante en

---

27. Op. cit.

nosotros mismos para poder influir en nuestros hijos gracias a nuestra coherencia. Educar es enseñarles a vivir en todo tipo de paisajes y climas emocionales. No podemos mostrarles tan sólo la parte fácil, cómoda o agradable de la vida.

Fromm cuenta en uno de sus libros esta anécdota:

> Un padre viajaba en coche con su hijo, de unos seis años de edad, una noche de intensa tormenta. De repente, se les pinchó la rueda del coche. Por este motivo el padre y el hijo se colocaron los impermeables y salieron del coche para cambiar la rueda. Llovía mucho, el suelo estaba lleno de fango y la situación era, evidentemente, muy incómoda. De repente, el hijo le dijo al padre:
> —Papá... ¿no podríamos cambiar de canal?

Así era la vida para este niño: «*Si el momento que debo vivir no me gusta, o es incómodo para mí... cambio de canal, como en la tele*». Lo malo —o lo bueno— es que en la vida real no podemos hacer «zapping».

CUANDO EL CAOS VENCE

¡Hay tantas auroras que aún no han resplandecido!

RIGVEDA

La posibilidad de que triunfe el caos es real, ya que en nuestro interior conviven el germen de la creatividad y el de la destrucción. ¡Hay tantos factores que los pueden activar y que no dependen exclusivamente de nosotros! Y, a veces, algo falla. Rosa Montero lo explica de forma excelente en este fragmento de su libro *La hija del caníbal*:

Todos llevamos dentro nuestro propio infierno, una posibilidad de perdición que sólo es nuestra, un dibujo personal de la catástrofe. ¿En qué momento, por qué y cómo se convierte el vagabundo en vagabundo, el fracasado en un fracaso, el alcohólico en un ser marginal? Seguramente todos ellos tuvieron padres y madres y tal vez incluso fueron bien queridos; sin duda, todos creyeron alguna vez en la felicidad y en el futuro, fueron niños zascandiles, y adolescentes de sonrisas tan brillantes como la de Stalin. Pero un día algo falló y venció el caos.

¿Es posible acompañar mejor a nuestros hijos en su crecimiento? ¿Qué conocimientos necesarios y útiles deberíamos darles? ¿De qué modelo humano deberíamos ser buenos representantes? Tal vez no podamos evitar que aparezca el caos pero sí que podemos educar para que nuestros hijos sean más competentes en entornos inciertos y caóticos. Los padres podemos favorecer los factores de resiliencia[28] de nuestros hijos. Para hacerlo debemos trabajar en nosotros mismos las diferentes competencias emocionales y aplicarlas día a día.

EL MIEDO A LOS HIJOS, EL MIEDO DE LOS HIJOS

Cuando uno no hace nada... se cree responsable de todo.

JEAN-PAUL SARTRE

A un hijo debemos decirle qué hace bien y qué necesita modificar, así como intervenir cuando sea preciso. Todos los adultos-

---

28. Capacidad interior de resistencia al sufrimiento y adaptación positiva, que mantiene la propia esencia.

educadores debemos señalar unos límites claros. El miedo a los hijos suele ser fruto de una relación de dependencia y necesidad. Se teme perderlos y ser rechazados por ellos si se les contraría. A partir de ahí, uno puede empezar a hacer concesiones sin ningún tipo de criterio o fundamento.

El miedo a ser demasiado autoritarios provoca que algunos padres se paralicen. Pero en ningún caso debe confundirse autoridad con autoritarismo. La autoridad se adquiere a fuerza de dar ejemplo de conducta coherente e íntegra. Así es como los padres se convierten en referentes para los hijos. El autoritarismo, en cambio, suele ser el resultado de actitudes rígidas, de pocos recursos personales y de falta de respeto por el otro. Como decía Margaret Thatcher: «Esto de tener poder se parece a lo de ser una *señora*. Si se lo tienes que recordar a alguien es mala señal». Recurrir al poder para hacer que el hijo haga o deje de hacer no es convencer ni educar, sino coaccionar.

El miedo a los hijos puede acabar siendo la causa de tener hijos con miedo a vivir. Y cuando el miedo asume el control de nuestra vida perdemos el sentido y la posibilidad de dirigir nuestra energía hacia la mejora de nosotros mismos y de nuestro entorno.

El miedo a uno mismo

> No es terrible de cerca aquello que, a menudo, nos da miedo de lejos.
>
> EUGUENI EVTUICHENKO

El miedo a los hijos se origina en el miedo a uno mismo y a vivir la vida de forma productiva. Los padres inseguros temen a sus hijos y son capaces de hacer cualquier cosa para tenerlos contentos a su lado. El problema es que la finalidad de la educación no es mantener a los hijos atados, ni tampoco tenerlos siempre contentos. Porque en la vida uno debe asumir muchas tareas y responsabilidades que, si bien no dan placer, son necesarias.

Para transmitir bien este mensaje es imprescindible entenderlo y vivirlo. Supone encarar el miedo a los conflictos, el miedo al miedo, el miedo a la reacción del hijo si le marcamos límites o le damos algún NO, el miedo a si nos deja de amar o nos rechaza... siempre el eterno miedo presente. El gran miedo es el miedo a uno mismo y a enfrentar las consecuencias que derivan de nuestra libertad y de nuestra responsabilidad. Y si tenemos miedo, estaremos prisioneros de la voluntad de todo aquel que tenga algo que deseemos o que pueda quitarnos algo que tenemos. Tener miedo a los hijos es la consecuencia de la propia inseguridad y es en este frente donde tenemos que trabajar a fin de no contagiarlos a ellos y aumentar sus miedos.

Este es mi miedo

Un niñito de cuatro años se quedó en casa de sus abuelos el fin de semana. Por la noche, cuando su abuela lo estaba acostando, empezó a llorar y le dijo:

—Abuela, quiero volver a casa, tengo miedo de la oscuridad.

Pero la abuela dijo:

—Sé bien que en tu casa también duermes en la oscuridad, nunca he visto la luz encendida. Así que ¿por qué tienes miedo aquí?

El niñito respondió:

—Sí, es verdad, pero aquélla es mi oscuridad. Esta oscuridad no la conozco.

Había una vez una madre que no lograba que su hijo pequeño regresara a casa después de jugar, antes de que anocheciera. Para conseguirlo lo asustó diciéndole que unos espíritus salían al camino tan pronto se ponía el sol. Y el niño no volvió a retrasarse.

Pero cuando creció, tenía tanto miedo a la oscuridad y a los espíritus que no quería salir de noche. Entonces su madre le dio una medalla, convenciéndole de que mientras la llevara consigo los espíritus no se atreverían a atacarlo. Así es como esta madre consiguió que al miedo a la oscuridad y a los espíritus se uniera el miedo a perder la medalla.

LOS EXTREMOS: LA SOBREPROTECCIÓN Y LA DESIDIA

A veces lo mejor que usted puede hacer para ayudar a alguien es darle un buen empujón.

JOAN THOMAS

Los extremos siempre provocan desequilibrio. El exceso y la falta de cosas, de atención, de protección, de tacto, de mirada, de comprensión, de tolerancia, de crítica, de control... Lo difícil es hallar el punto medio, el camino del centro, la zona en la que se da aquello que es necesario para crecer bien pero sin caer en la saturación y el ahogo.

Cada uno de nosotros ha de encontrar el punto de equilibrio adecuado en la relación con los hijos. No vale el mapa de otro. Es incómodo porque es preciso esforzarnos, revisar nuestras actitudes, ser críticos y capaces de cambiar de rumbo cuando constatamos que nos dirigimos a uno de estos polos. Hay que ser valientes para no caer en la ansiedad o en la comodidad del «dejar hacer». Pero aquí reside uno de los puntos más importantes en el proceso de educar a personas autónomas y competentes desde el punto de vista emocional.

¿Padres incompetentes?

Únicamente un necio mete ambos pies en el agua para tantear su profundidad.

PROVERBIO AFRICANO

Cada vez más padres se sienten totalmente incapaces e incompetentes para educar a sus hijos. Durante la adolescencia es posible que estallen las crisis que se han ido incubando muchos años antes. A veces uno siente que no tiene recursos para manejar las situaciones que se presentan. Educar no es fácil. Hay casos en los que el niño o adolescente es agresivo, miente, insulta, grita, se descontrola, manda y ordena, dirige la vida de la familia, se rebela y, a veces, opta por la violencia. En ocasiones, acumula fracaso escolar aunque también es posible que sea un buen estudiante. La baja autoestima y problemas de autocontrol se unen a un intento desesperado de llamar la atención de los padres. Es su forma poco acertada de pedir ayuda y, en ocasiones, la única que conoce.

La convivencia se complica. Hay hijos exigentes y difíciles de amar que ponen a prueba el equilibrio emocional y los recursos de los padres. Puede llegar un momento en que éstos dimitan de su rol de educadores pasando a ser solamente «abastecedores». Dejan al niño «a su aire», limitándose a dar una respuesta –a menudo excesiva– a sus necesidades básicas, a sus deseos superfluos, a sus demandas económicas y exigencias varias. Les dejan hacer «lo que les da la gana» y hacen lo que ellos les ordenan.

El hecho es que no se puede hacer *dejación de funciones* durante años, cediendo a la tiranía de los hijos y, en determinado momento, exigirles una responsabilidad y capacidad de respuesta que no se ha ayudado a construir. Es incongruente pedirles un control emocional interno, cuando siempre se ha *gobernado* su conducta a partir de premios y castigos externos; un sentido de la moralidad, si no se les ha educado en valores, o que sean de determinada forma cuando no se les ha dado el modelo que ahora se exige.

La inseguridad de muchos padres respecto a la educación de los hijos ha provocado un aumento de la tolerancia hacia ellos, posiblemente para no sentirse culpables de su incapacidad o comodidad. A su vez, los hijos van aumentando sus cuotas de poder. Así es como se establece una relación paterno-filial en la que manda un hijo cada vez más desorientado y alejado de lo que va a encontrar en la vida real fuera de su casa. Toda una estafa.

Los avisadores

Si las personas nos pesan porque las cargamos a las espaldas, llevémoslas en el corazón.

MADRE TERESA DE CALCUTA

Una metáfora puede servir como ejemplo del peligro de ignorar determinadas señales que nos avisan de la urgencia de efectuar cambios en el enfoque de la educación de nuestros hijos. Si tenemos un automóvil, es probable que en el tablero de instrumentos tengamos una luz roja que nos avisa cuando el motor se calienta demasiado.[29] Ahora bien, cuando esta luz se enciende podemos actuar de diferentes maneras desadaptativas: podemos no hacer caso, ignorando esta luz y continuar conduciendo como si nada o podemos golpearla con un martillo a fin de que deje de molestarnos y proseguir el camino. Ambos procedimientos darán resultado algún tiempo, pero tarde o temprano nuestro automóvil se detendrá. Entonces deberemos apearnos y examinar el motor, o pedir ayuda de carretera a un especialista para que nos ayude a resolver el problema. Sólo así nuestro automóvil podrá continuar el camino.

Lo cierto es que muchas personas pasan la vida golpeando el avisador con un martillo o mirando hacia otro lado. Es su forma de reaccionar agresivamente o de rehuir el problema. Malgastan su energía emocional y aplazan la solución de los conflictos, en una actitud infantil similar a la del niño que se tapa con una manta y se cree que, como él no nos ve, nosotros no le vemos a él. Pero al final ocurre que los problemas nos acaban «estallando en las narices».

Un avisador no obliga, sólo informa. Nosotros decidimos obrar en consecuencia o no hacer nada, y somos responsables de las consecuencias.

Hay dos luces del «avisador» que nos informan de peligro en nuestra conducta hacia los hijos. Nos indican que hemos caído en una de estas dos trampas: la sobreprotección o la desidia.

Sobreprotección: la perpetua caricia no engendra amor perpetuo

En muchos casos hay una ausencia de padre y un exceso de madre.

---

29. Inspirado en una conferencia de Sergio Sinay.

La *sobreprotección* puede ser la consecuencia de la creencia de que debemos proporcionar a nuestros hijos la «mejor vida» pero aplicada en un extremo tal que, en lugar de favorecer que sean personas autónomas y responsables, acaban construyendo un tipo de personalidad débil y dependiente. El resultado de esta estrategia va a ser un hijo adolescente inhibido y un adulto inmaduro; una persona pasiva, con poca capacidad para explorar y arriesgarse; con poca creatividad e iniciativa, dificultad para tomar decisiones y escasa capacidad para enfrentarse a los cambios. También es posible que acumule mucha ira reprimida y que, en determinado momento, puede estallar en forma de violencia o transformarse en depresión. Los niños sobreprotegidos se convierten en adultos muy inmaduros y vulnerables.

En el siguiente fragmento, Milan Kundera expresa el sentir de una hija respecto a una madre arrolladora que siente que le impide crecer:

> —Admiro a tu madre. ¡Con aquella vitalidad!
>
> Irene no tiene duda alguna. Todos admiran a su madre por su vitalidad. ¿Cómo puede explicarle a Gustav que, dentro del círculo mágico de la fuerza maternal, Irene no ha conseguido gobernar nunca su propia vida? ¿Cómo puede explicarle que la proximidad constante de su madre la empujaba hacia atrás, hacia sus debilidades, hacia su inmadurez?[30]

Es importante encontrar la distancia adecuada en nuestra relación con los hijos. Dejarles el espacio necesario que permita que noten el calor de nuestro afecto pero no los pinchazos de

---

30. Milan Kundera, *La ignorancia*. Tusquets.

nuestras «púas».[31] Sin esta necesaria distancia, ellos no podrán crecer bien y se sentirán ahogados por nuestra presencia.

Lo protegeré de todos los peligros

> Los que fueron compadecidos desde niños no tienen fuerza, sino debilidad total.
>
> EUGUENI EVTUICHENKO

Para muchas personas, el tramo más largo de la vida es el que va de la dependencia a la independencia. Los padres podemos ayudar a evitar que este difícil recorrido comporte un sufrimiento excesivo e inútil para nuestros hijos. Para ello debemos liberarnos de la creencia de que tenemos que protegerles del dolor, de los inconvenientes de la vida, de las cosas desagradables o difíciles, del conocimiento de la enfermedad y de la muerte. El cuento *El abrazo del oso* lo explica así:

> En el corazón de Alberto reinaba la alegría. De él brotaban sentimientos de amor, a raudales. Un buen día fue a pasear por el bosque. Notaba que necesitaba el contacto con la naturaleza puesto que, desde el nacimiento de su bebé, todo lo veía hermoso y la simple caída de una hoja le parecía un acorde de música. Así que empezó a caminar plácidamente, disfrutando de la humedad del paraje, del canto de los pájaros y la belleza de los colores del bosque.
>
> De repente vio posada en una rama a un águila de bello plumaje. El águila también había tenido la alegría de

---

31. Relato de Schopenhauer. *Aplícate al cuento*. Jaume Soler y Mercè Conangla. Editorial Amat, 2004.

recibir a sus polluelos y tenía como objetivo llegar hasta el río cercano, capturar un pez y llevarlo a su nido como alimento. Era una responsabilidad muy grande criar y enseñar a sus aguiluchos a enfrentar los retos de la vida. El águila notó la presencia de Alberto, lo miró fijamente y le preguntó:

—¿Adónde te diriges, buen hombre? Veo en tus ojos la alegría.

Alberto le contestó:

—Es que ha nacido mi hijo y he venido al bosque a disfrutar de la naturaleza. Aun así, me siento un poco confuso.

—¿Por qué? —dijo el águila. ¿Qué piensas hacer con tu hijo?

—Ah, pues desde ahora lo voy a cuidar siempre, le daré de comer y no permitiré que pase frío. Me encargaré de que tenga todo lo que necesite y lo protegeré de las inclemencias del tiempo; lo defenderé de todos los enemigos que pueda tener y no permitiré que pase por situaciones difíciles. Para esto estoy yo aquí, para que él lo tenga más fácil que yo, para que la vida no le dañe. Yo, como padre suyo que soy, seré fuerte como un oso y, con la potencia de mis brazos lo rodearé, lo abrazaré y nunca dejaré que nada ni nadie lo perturbe.

El águila no salía de su asombro, lo escuchaba atónita y no daba crédito a lo que había oído. Entonces, respirando muy hondo y sacudiendo su enorme plumaje, lo miró fijamente y dijo:

—Escúchame bien, buen hombre. Cuando recibí el mandato de la naturaleza para empollar a mis hijos, también recibí el mandato de construir mi nido, un nido confortable, seguro, a buen resguardo de los depredadores, pero en él también he puesto ramas con muchas espinas.

¿Y sabes por qué?, porque aun cuando estas espinas están cubiertas por plumas, algún día, cuando mis polluelos hayan emplumado y sean fuertes para volar, haré desaparecer todo este confort, y ellos ya no podrán habitar sobre las espinas. Esto les obligará a construir su propio nido. Todo el valle será para ellos, siempre y cuando aspiren y se esfuercen en conquistarlo; todas sus montañas, sus ríos llenos de peces y sus praderas llenas de conejos.

El hombre escuchaba las palabras del águila con atención. Esta continuó:

—Si yo los abrazara como un oso, reprimiría sus aspiraciones y deseos de ser ellos mismos, destruiría irremisiblemente su individualidad y se convertirían en individuos indolentes, sin ánimo para luchar ni alegría de vivir. Y, tarde o temprano, lloraría mi error, puesto que ver a mis aguiluchos convertidos en ridículos representantes de su especie me llenaría de remordimiento y vergüenza. Al querer resolver todos sus problemas les impediría tener sus propios triunfos, fracasos y cometer sus errores. Sería responsable de no haberles enseñado a ser águilas libres.

—Tienes razón, no me lo había planteado así —dijo Alberto.

Ambos se despidieron y Alberto, reconfortado y a la vez inquieto, siguió caminando pensando sólo en llegar a casa y abrazar a su bebé. Pero, eso sí, sin ahogarlo y dejándole la libertad de mover sus brazos y pies.

—Ningún abrazo de oso hiperprotector —se dijo Alberto—, sólo abrazos de cariño y amor que liberen y no impidan su crecimiento.

Y es que la perpetua caricia no engendra amor perpetuo sino, tan sólo, personas indefensas.

¿Sobreproteger o educar en la responsabilidad?

No hay absolutamente nadie que haga un sacrificio sin esperar una compensación. Todo es cuestión de mercado.

CESARE PAVESE

Bien sea por convencimiento o por comodidad, algunos padres adoptan una actitud exageradamente protectora hacia sus hijos. Los niños sobreprotegidos o demasiado consentidos se convierten en adultos vulnerables y, a menudo, despóticos y agresivos.

Sabemos que quien durante su infancia no ha tenido experiencias de frustración o no ha aprendido a canalizarlas, será un candidato idóneo para sufrir conflictos psíquicos en la edad adulta. La sobreprotección impide adquirir recursos para hacer frente a las crisis, las pérdidas, los cambios, la enfermedad y la muerte. Los niños sobreprotegidos se convertirán en adultos que sólo estarán preparados para vivir en entornos protegidos o para las situaciones de éxito. Cuando aparezcan los primeros conflictos y frustraciones no sabrán cómo gestionarlos y se hundirán en la miseria y el fracaso más absoluto.

Educar en la responsabilidad es más lento y más difícil. El sentido de la responsabilidad no se construye de forma espontánea: se educa o se queda sin educar. Sergio Sinay[32] lo afirma de forma clara: *Ser padre es crear una vida y hacerse responsable de ella, instrumentándola para que encuentre su propia autonomía y su cauce en el mundo ... / ... El vínculo con un hijo nos une a alguien que hemos creado expresamente. Lo hemos engendrado no para dejarlo a la deriva, náufrago en el mar de la existencia. Lo hemos hecho para guiarlo y educarlo. No es*

---

32. *El elogio de la responsabilidad.* Sergio Sinay, RBA, 2007.

un juego. Es una responsabilidad, cuya deserción cobra precios altos.

Desidia: dejación de funciones

Los educadores han de fomentar la reflexión y la responsabilidad para dar a los niños herramientas con las que combatir la agresividad y la imbecilidad moral que los rodean.

FABRICIO CAIVANO

La *desidia* supone hacer 'dejación de funciones', es decir, no asumir la función de educar. No se definen límites y se deja que el niño haga lo que quiera cuando quiere. La desidia da como resultado hijos inseguros, prepotentes, con un bajo nivel de autoestima, falta de autocontrol emocional y con tendencia a las conductas violentas. Los padres o educadores permisivos deben ser conscientes de que lo que dan a sus hijos no es libertad sino licencia. Hacer aquello que uno quiere es lo contrario de lo humano.[33] Lo humano es hacer lo que uno quiere, dentro de lo que uno ha de hacer y como lo puede hacer. Los padres tenemos el deber de intervenir siempre que haga falta. Muchas personas y medios de comunicación van a ejercer influencia sobre nuestros hijos. Los padres debemos ejercer la nuestra. Tanto la desidia como la sobreprotección son formas de maltrato infantil que raramente se consideran.

---

33. Fernando Savater, (véase bibliografía).

Enferma para que te pueda cuidar

Como tengo ganas de cuidarte,
enférmate para que yo sea feliz.

ALEJANDRO JODOROWSKY

La vida de algunos adultos puede llegar a tener tan poco sentido por sí misma y puede estar tan vacía afectivamente que utilicen a su hijo como tapón para justificar su sentido. También es posible que —de forma más o menos consciente— algunos padres deseen que su hijo les necesite y que se sienta indefenso a fin de poder movilizar sus propios recursos como «salvadores». Por dura que parezca la afirmación: «Enferma para que te pueda cuidar», esta expectativa inconsciente puede explicar las conductas de algunos padres que sólo ven justificada su vida cuando ejercen el papel de *cuidadores permanentes de sus hijos*.

En el fondo, estamos hablando de una relación de poder en la que el adulto se reafirma dirigiendo, manipulando, mandando y tomando decisiones en lugar del hijo. Este despotismo puede hacerle sentir bien porque «tiene el control», porque es «útil» y porque su vida «adquiere un sentido». No obstante, para que esto suceda será preciso que el hijo se convierta en un «menor de edad permanente», en un incapacitado o en un enfermo. Este será el resultado de haber minado su autoestima, ridiculizado su capacidad para cuidar de sí mismo y para tomar sus propias decisiones. El miedo de algunos padres a «perder el control» del hijo y a que éste se aleje de ellos puede hacerles preferir un hijo «enfermo» a un hijo autónomo y capaz de separarse de ellos para vivir su propia vida.

94

Las tortugas marinas depositan sus huevos en la arena aproximadamente a unos quince metros del agua. Días después de la puesta, saltan a la arena una pequeña multitud de tortuguitas recién nacidas, del tamaño de pequeñas monedas. Sin un instante de vacilación, todas se dirigen al mar. No buscan. Nada de ensayo y error. Nada de preguntar:

—¿Cuál sería el lugar más razonable al que podría dirigirme?

Todo instinto natural.

Una bandada de gaviotas se precipita como aviones de guerra encima de estas pequeñas monedas animadas que se dirigen al mar. Las tortugas sienten que tienen que llegar cuanto antes al agua y van tan rápido como sus diminutas patas les permiten correr. No ha sido necesario ningún entrenamiento o experimentación. Nadie les ha explicado la estrategia de huida necesaria para protegerse.

Alguien podría pensar que para seres tan pequeños las enormes olas del mar les podrían parecer amenazadoras. ¡Pero no! Decididas entran en el agua y ya saben cómo nadar. Ya parecen a salvo. ¡Pero no! Tan pronto inician su camino en el mar empiezan a acercárseles los peces depredadores. Y es que… ¡la vida es dura!

LAS EXPECTATIVAS

Vivir es crecer y crecer es aprender a perder.

JAIME BARYLKO

Somos seres en constante movimiento y cambio. Nos transformamos. Pero cuando nuestra mente se aferra a determinada visión o creencia, dejamos de fluir con la vida. Para evolucionar, y permitir que nuestros hijos evolucionen, necesitamos una mente flexible y un corazón abierto. En caso contrario, nuestras creencias condicionarán de tal forma nuestras conductas que acabaremos creando aquello que esperamos o tememos.

El hecho es que si esperamos poco de nuestros hijos, conseguiremos poco y si esperamos demasiado, les vamos a transmitir nuestras ansias y posiblemente disminuyan sus resultados, se bloqueen o colapsen. No es posible tenerlo todo controlado. Hay cuestiones que no dependen sólo de nosotros. Una elevada autoexigencia se transmite sin necesidad de comunicarla en palabras. Los hijos nos toman como modelos: si no nos permitimos errores, no les permitimos errores; si dramatizamos el fracaso, no admitirán su fracaso; si nos exigimos la perfección, sentirán que esperamos lo mismo de ellos; si no creemos en su potencial y los desahuciamos, dejarán de luchar.

Si no queremos transmitir constantemente mensajes de decepción, de descontento o de intolerancia será necesario adecuar nuestras expectativas a la realidad de lo posible. El *exceso de exigencia* conduce a la formación de personalidades rígidas, poco flexibles, con ansia de control y poco tolerantes consigo mismas y con los demás. El *exceso de crítica* conduce a una baja autoestima, a la búsqueda constante de perfección y a un sentimiento de frustración e infelicidad. La *desesperanza* o el *deshaucio* mueve a la derrota, a la pasividad, a la dimisión del esfuerzo, a la depresión y a la pérdida de confianza en todos los niveles.

¿Cómo gestionamos nuestras propias expectativas y qué modelo de adulto estamos transmitiendo a nuestros hijos? ¿Cómo vivimos los errores? ¿Los aceptamos como parte del proceso de aprendizaje y aprendemos de ellos o bien los escondemos o los vivimos de forma dramática? Veamos algunas visiones que podemos transmitir.

No eres bastante

> *El deseo más profundo del ser humano es ser apreciado.*
>
> WILLIAM JAMES

Un padre le dijo a su hijo:

—A tu edad, Abraham Lincoln caminaba dieciséis kilómetros todos los días para ir a la escuela.

—¿De veras? —dijo el hijo—. Pues a tu edad, Lincoln ya era presidente.

A veces los padres tienden a amar de tal forma y en tal medida el porvenir de su hijo, a amar tanto a su hijo por los éxitos que espera de él, que no consiguen dar suficiente valor a su presente.[34] Esto va a suponer una fuente permanente de angustia tanto para ellos como para los hijos.

¿Cuántas veces los padres buscan un refugio y una revancha frente a sus propios fracasos o carencias? La consecuencia es que los hijos se convierten en un *medio* para triunfar y vivir en lugar de ellos. Les depositan sus esperanzas en un intento de dar valor y calor afectivo a una vida que no ha conseguido tener éxito o valor por sí misma. Esta estrategia sólo lleva a la decepción. Nunca el hijo conseguirá llenar su vida y en el intento de agradar y ser digno de su amor puede llegar a enfermar. Cuando las expectativas son excesivas o poco realistas, sólo se consigue

---

34. A partir de la idea expresada por Bourdieu y Darbel, en *El amor al arte*, Paidós.

que los hijos se angustien, se colapsen, se bloqueen o disminuyan sus resultados. «No eres bastante digno de ser amado» es el mensaje que recibe. Ésta es una difícil pieza a colocar en el edificio de su autoestima.

Todos tenemos la responsabilidad de vivir nuestra propia vida. La valoración de lo que somos no debería estar en ningún caso en manos de los demás, por padres que sean. Tan necesario es asumir un buen nivel de responsabilidad como que este nivel no escape al control personal.

No *puedes*

> *Todo lo que una persona puede imaginar*
> *otras podrán hacerlo realidad.*
>
> JULIO VERNE

El *no puedo* suele ser el resultado de haber oído muchos *no puedes*. Si interiorizamos este mensaje y se consolida como una creencia puede condicionar nuestra conducta futura. Bertolt Brecht nos explica muy bien cómo a veces hay creencias consolidadas que no se modifican hasta el momento en que decidimos soltarlas, cambiando a una conducta distinta.

> Durante siete años no pude dar un paso. Cuando fui al gran médico me preguntó:
> —¿Por qué llevas muletas?
> Yo le dije:
> —Porque estoy tullido.
> —No es extraño —me dijo—, prueba a caminar. Son estos trastos los que te impiden andar. ¡Anda, atrévete, arrástrate a cuatro patas!

Riendo como un monstruo, me quitó mis hermosas muletas. Las rompió en mis espaldas y, sin dejar de reír, las arrojó al fuego. Ahora estoy curado. Ando. Me curó una carcajada. Tan sólo a veces, cuando veo palos, camino algo peor por unas horas.

Hay padres que necesitan ser necesitados y transmiten a sus hijos su convencimiento de que «no son competentes» y «no van a poder». Así van a precisar su ayuda. Estos padres se convierten en las muletas de sus hijos. Y ellos llegan a creerse que, sin estas muletas, no podrían andar por la vida. Se crea una relación de dependencia mutua que coarta su autonomía y no permite al hijo crecer bien.

El fracaso

El fracaso es mejor maestro que el éxito.
Presta atención, aprende y sigue adelante.

CLARISSA PINKOLA ESTÉS

Fracaso es el sentimiento desagradable que sentimos cuando consideramos que no se han cumplido nuestros deseos o no hemos conseguido un resultado satisfactorio en el proyecto emprendido. Para que exista fracaso ha de haber habido lucha e inversión de energía en el objetivo deseado. No hay fracaso sin intento, ni derrota sin lucha. El sentimiento de fracaso suele compartir su espacio afectivo con el desengaño y la frustración, con la desilusión y el desencanto.

Hay padres que no toleran los fracasos de su hijo porque tampoco toleran su propio fracaso. Su reacción es tan desproporcionada que tienden a dramatizarlo y a penalizarlo. A veces utilizan como estrategia un falso intento de animar al hijo, que aún suele añadir más presión a la situación.

A fin de evitar el caos emocional que supone luchar por algo y no conseguirlo, hay niños que optan por eludir el intento y así evitan las situaciones que pueden acabar con una decepción. Se convierten en personas pasivas o pasotas. Convencidos de que sus logros nunca van a contentar las expectativas de sus padres, prefieren pasar por vagos antes que por incompetentes. Al respecto es muy importante tener en cuenta lo que explica la doctora Pinkola Estés:

> Somos unas colecciones de varios tomos. En nuestras vidas, aunque un episodio equivalga a una colisión y una quemadura, siempre hay otro episodio que nos espera y después otro. Siempre hay oportunidades de arreglarlo, de configurar nuestras vidas de la manera que merecemos. No hay que perder el tiempo odiando un fracaso.

Quizá debemos cambiar el mensaje que damos con nuestra conducta: el único fracaso real en la vida es no haberlo intentado y no haber vivido por miedo a no cubrir las expectativas propias o de los otros. Hay que abrir otro tomo.

La decepción

> *Me causa mayor satisfacción comprender a los hombres que condenarlos.*
>
> STEFAN ZWEIG

—Se dice que había en Atenas una ley muy particular que eximía a los hijos de tener que mantener a los padres. Les quitaba la obligación de mantenerlos cuando los padres no hubiesen sido capaces de adoctrinarlos, de enseñarles una ciencia o arte. Tu estás eximido. No puedo aceptar que me ayudes. Tu elegiste como ideales y como objetivo de tu vida todo lo que tu madre y yo te enseñamos a despreciar.

Dejaste de hacer lo que te gustaba, que por otra parte lo hacías muy bien, para dedicarte a la mierda esa de los ordenadores y los programas y ganar dinero, tener estatus, vivir como un burgués. Pero no es culpa tuya, se nos dio mal lo de la doctrina. En algo fallamos.[35]

A veces valoramos el éxito o el fracaso de la vida del hijo en función de unos criterios que son tan parciales y faltos de miras que afortunadamente, a menudo y con la distancia del tiempo, se confirman como equivocados. Se cuenta que el padre de Darwin[36] mostraba en una carta a su hijo la desaprobación por su trayectoria:

Hijo mío, no te preocupas nada más que por cazar, por los bichos, los perros y los gatos, y vas a ser una desgracia, para tu familia y para ti mismo.

Afortunadamente, Darwin no le hizo caso y continuó con su proyecto de vida. De haberlo hecho, ¿qué hubiera pasado con la Teoría de la Evolución de las Especies?

---

35. Extracto de los diálogos de *Lugares comunes*, escritos por Adolfo Aristarain y Kathy Saavedra.

36. Extraído del artículo de Elvira Lindo «La llama se apagó», *El País*, 04-12-05.

El desahucio

Sea cual fuere su experiencia del pasado,
usted controla su dirección hacia el futuro.

Lou Marinoff

«El que forja destinos ajenos cae en la culpa», afirma Stefan Zweig. Si esperamos poco de nuestros hijos, conseguiremos poco. ¡Ojo con las expectativas que, de forma consciente o inconsciente, les transmitimos! Los hijos no son «medios», ni tampoco rellenos para los vacíos existenciales de los padres. Criar y educar un hijo, de forma emocionalmente ecológica, comporta la generosidad de dejarle ser y permitirle irse.

El hecho de afirmar repetidamente: *¡No vale la pena! Nunca harás o serás nada en la vida!* son formas de maltrato que minan su autoconcepto y hunden su autoestima. Son fórmulas de desahucio. A partir de ahí, los padres dimiten de su rol y hacen «dejación de funciones» poniendo la educación del hijo en manos del azar. El niño se queda solo en medio de la vorágine de la vida.

Las expectativas sobre lo que debe ser el hijo sólo cesarán cuando haya amor, pero no un sucedáneo cualquiera, sino «un buen amor». El amor no es memoria sino presente. No se puede amar en pasado. Será este buen amor el que nos va a permitir emprender una acción liberadora de respeto y cuidado. Se trata de que el hijo sea lo que quiera y pueda ser, la mejor versión de sí mismo. En ningún caso debemos ser los padres los que diseñemos los detalles de su vida. Nuestra responsabilidad es colaborar en establecer bien sus fundamentos, y la suya construirla.

«Hijo mío:

No te preocupes si este mes no has progresado adecuadamente y no has hecho ni el huevo, tu madre y yo sabemos perfectamente que algún día brotará este genio que hay en ti, y aunque así —a primera vista— hijo mío, cualquiera diría que eres un perfecto idiota, porque lo pareces, hijo mío, siempre con la cabeza hundida en la *game-boy,* no seremos nosotros quienes coartemos tus posibilidades creativas. Si otros genios sufrieron por la falta de apoyo de sus padres, no será éste tu caso, mi pequeño y querido Darwin. Perdóname si alguna vez, en aras de tu formación, te exigimos demasiado instándote a leer siquiera una paginilla antes de que cojas el sueño. Papá.»

Elvira Lindo[37] nos ofrece una interesante y cáustica visión sobre este tema y retrata a un tipo de padres que lo justifican y toleran todo y que, además, aún le piden disculpas a su hijo.

«Eres el más guapo, el más inteligente, atractivo, simpático, rápido...»: repetirlo de todas la maneras posibles, a todas horas, mirarle con constante adoración, tolerárselo todo, permitírselo todo, facilitarle todo, darle todo, esperarlo todo... un camino rápido para convertirlo en un déspota y un malcriado.

---

37. Extraído del artículo de Elvira Lindo «La llama se apagó», *El País,* 04-12-05.

VALORES DESTRUCTIVOS

> *El ser humano cuenta con una programación básica —biológica— en cuanto a ser vivo, pero debe autoprogramarse como humano.*

FERNANDO SAVATER

Georges Perèc afirma que el problema de la elección es el problema de la vida entera. En función de los criterios en que se basen nuestras elecciones tendremos una buena vida o una vida cargada de sufrimiento y vacía de sentido. Fromm[38] también nos ha advertido: «No debemos confiar en que nadie nos salve, sino conocer bien el hecho de que las elecciones erróneas nos hacen incapaces de salvarnos».

En este apartado vamos a tratar de los valores en que se basan algunas de estas elecciones erróneas. Los padres y educadores somos sus transmisores. Dado que los valores personales guían —como si de una brújula se tratase—, si en el momento de elegir una opción entre muchas otras nos basamos en valores destructivos, nuestras conductas también tenderán a la destrucción. Veamos algunos de ellos que pueden hacer a nuestros hijos incapaces de salvarse.

El despilfarro

> *La única forma compatible con nuestra contingencia de multiplicar los bienes que apreciamos es intercambiarlos, compartirlos, comunicarlos a nuestros semejantes*

---

38. *El corazón del hombre*, Paidós.

para que reboten en ellos y vuelvan cargados de sentido
renovado.

Fernando Savater

Sabemos que el ser humano dispone de diversas formas de relación con el mundo: puede obtener cosas bien sea recibiéndolas pasivamente, bien tomándolas por la fuerza o exigiéndolas, acumulándolas e intercambiándolas. También puede crearlas por sí mismo, poniendo en juego su capacidad de soñar, de imaginar, de esforzarse, trabajar y actuar. Desde la ecología emocional, proponemos añadir otra forma de relación con el mundo que, en el momento actual, es preocupante por antiecológica, egoísta, injusta e insolidaria: el despilfarro.

Ser capaces de ser austeros en un entorno de abundancia es un reto importante y un valor a transmitir a nuestros hijos. Somos privilegiados por el hecho de poder acceder a abundantes medios y recursos como alimentos, energía, ocio, cultura, educación, sanidad... *Tener acceso a...* no equivale a tener derecho a hacer un uso inadecuado de los recursos. Despilfarrar aquello de lo que muchas otras personas carecen o les falta para sobrevivir es algo profundamente inmoral.

Cuando tenemos apetito no es desadaptativo satisfacer nuestras ganas comiendo y dándonos el placer de un capricho especial. ¿Qué es entonces el despilfarro? Analicemos una conducta observada en un restaurante-bufé libre. Protagonistas: un adolescente y sus padres.

> El adolescente llena su plato a tope, regresa a la mesa, vuelve con otro plato y lo llena a tope. Se sienta y empieza a comer. Prueba un poco de la comida de ambos platos e, inmediatamente, los aparta.
> —¡No me gusta! —dice.

Los padres le dicen:

—Ve a coger otra cosa.

Los padres no se inmutan, no lo corrigen, no le dicen nada parecido a:

—«Antes de llenar el plato, coge una cantidad pequeña y la pruebas».

—«Llena menos tus platos, si te los acabas te levantas a buscar más.»

—«Antes de ir a por más, acaba lo que tienes en el plato.»

El adolescente repite varias veces la conducta. El camarero va llevándose los platos llenos, sin decir nada. Los padres se desentienden.

El despilfarro es algo inmoral que ya aceptamos como normal. Tal vez el adolescente sólo reproduce algo que ha visto hacer a los adultos. Acaparar y despilfarrar. Falta la conciencia de que, por el mero hecho de haber pagado la cuenta del restaurante, no tenemos el derecho a hacer mal uso o abuso de un recurso al que muchas personas no pueden acceder. Y no hacer nada ante ello es de una gran irresponsabilidad. Podríamos buscar ejemplos similares de conductas referentes al uso o despilfarro de luz, de agua o de otros recursos naturales. Estas conductas indican inconsciencia y son profundamente dañinas para el equilibrio ecológico y la sostenibilidad de todo el sistema.

Permitir que nuestros hijos despilfarren les va a perjudicar muchísimo en la vida, porque van a hacer lo mismo en otros campos: van a abusar de los recursos, de las palabras, de las personas, van a desperdiciar oportunidades, harán mal uso de los medios, serán poco empáticos con las necesidades de los demás... y, así, este mundo será cada vez menos justo y menos equilibrado.

Educar en la austeridad y para la sobriedad en un entorno de abundancia es un reto ineludible para todos los educadores. La austeridad es un valor propio de personas generosas y solidarias. Es preciso enseñar que no estamos solos en el mundo y que nuestra conducta nunca es neutra: o bien decanta la balanza hacia la destrucción o hacia la creación de un entorno más humano. No podemos permitirnos el lujo del despilfarro.

Todo a cambio de nada: del egoísmo necesario a la generosidad destructiva

La misión de los padres no es servir de apoyo, sino hacer que este apoyo sea innecesario.

Unos padres que por su hijo lo dejan todo, lo justifican todo y lo dan todo... ¿educan o deseducan? Hay una fina línea que separa el egoísmo constructivo de la generosidad destructiva y no hay que cruzarla. Dar y dar sin fin, anticipándonos a las necesidades de los hijos; dando demasiado; dando, saturando; dando, eliminando la necesidad de pedir o de luchar para conseguir algo; dando, sin dejarnos un espacio propio para respirar, para ser, para descansar y para desarrollar un proyecto de vida propio al margen de los hijos. Este «dar» constante sin esperar contrapartidas o sin aceptar recibir algo del otro puede parecer generoso, pero parte de un sacrificio innecesario y patológico. No se puede dar a los demás lo que uno no es capaz de darse a sí mismo: un respiro.

Al ser excesivos —en una generosidad mal entendida—, fomentamos personalidades egoístas que creen que todo el mundo funciona de acuerdo con sus deseos, que tienen el derecho de que les sirvan, no toleran los inconvenientes, piden pero no dan, no luchan y eligen el camino de la facilidad. Lo han aprendido gracias a nosotros. No hemos sabido enseñarles que todos tenemos límites y necesidades y que también necesitamos de los demás. Al no respetarnos a nosotros mismos, no conseguimos que nuestros hijos nos respeten. Sólo exigen.

Dice Melanie Klein[39] que uno de los elementos de la actitud materna es la capacidad de ponerse en lugar del hijo y de ver la situación desde su punto de vista. Esto puede hacerse desde el amor y la simpatía o desde la culpa y la necesidad de reparación, y cuando la culpa es muy fuerte, la identificación de la madre con los hijos puede ser tan extrema que puede adoptar una actitud de autosacrificio sumamente desventajosa para el hijo. En el fondo, la persona que se sacrifica en nombre de un mal llamado amor, no lo hace tanto por el hijo como para sí misma a fin de reparar una culpa de la que, en ocasiones, ni siquiera es consciente.

> Me siento mal, impotente, hundida, deprimida y lloraría de rabia, de pena por mí misma y por mi hija, de impotencia y vergüenza. Yo, la persona que da la imagen de controlar perfectamente su vida, la imagen de seguridad y competencia y de persona sensata, he cometido uno de los mayores errores en la educación de un hijo: ¡Darlo todo a cambio de nada![40]

Inundar de amor sin pedir nada puede ser una especie de velo que cubre excesivos sentimientos de culpa por parte de los padres. Una indulgencia exagerada evita el enfrentamiento, pero también puede impedir el ejercicio del impulso infantil de pedir

---

39. *Amor, culpa y reparación*, Paidós.
40. Afirmación de una madre en la consulta sobre las dificultades de relación con una hija adolescente.

perdón, de esforzarse por otro y de desarrollar una verdadera consideración hacia los demás.[41]

Demasiados regalos: la sobresaturación y el exceso

> *Los hijos no nos recordarán por las cosas materiales que les dimos sino por la convicción de que les quisimos.*
>
> RICHARD I. EVANS

Cada vez hay más niños y adolescentes que tienen de todo, en cantidades desmesuradas y sin que hayan tenido que invertir ni tiempo ni esfuerzo para conseguirlo. Fastidiados por tantos regalos, no aprecian el esfuerzo de sus padres para complacerles. Todo exceso causa rechazo y aversión. Así pues, la sobreabundancia hace que dejemos de valorar aquello que de forma tan fácil conseguimos. El hastío, la náusea, el desinterés, el desperdicio y la destrucción serán las consecuencias que van a seguir a tales excesos. Más que objetos, regalos y posesiones los niños están pidiendo a gritos compañía, conversación, cuentos y atención.

A veces los niños confunden deseo y necesidad. ¿Por qué no enseñarles a diferenciarlo?

—Necesito que me compres una videoconsola «XXX» —afirman contundentes.

—No, no lo necesitas —deberíamos decirles—, la deseas. Lo que necesitas es amor, alimento y educación. No es lo mismo necesidad que deseo.

O bien:

---

41. Melanie Klein, *Amor, culpay reparación*, Paidós.

—Necesito que me compres unas bambas marca «Y».

—No, tú deseas las bambas «Y». Lo que necesitas es un calzado.

Porque no necesitamos todo lo que deseamos, ni es bueno para nosotros, ninos ayuda a crecer. Hay que poner límites al deseo. Pero aún hay algo peor: anticiparse a los deseos de los hijos evitando su desear. Sin que nos lo hayan pedido les compramos el último modelo de videoconsola cuando aún no han agotado las prestaciones ni hecho uso de la que ya tienen, o les llenamos de objetos materiales que ni necesitan ni desean. Matamos la chispa interior que podría moverles a pedir, a luchar y a «esforzarse para». ¿Qué queremos comprar en el fondo? ¿Su felicidad, su amor? Es necesario un punto de carencia para desear, para apetecer, para buscar y para movernos a fin de satisfacer nuestra necesidad o deseo.

Permisividad perniciosa

> La educación es lo que le permite llegar a ser lo que es: un ser de pensamiento, de palabra y de comunicación. Uno de los derechos fundamentales de todo hombre, junto a la libertad, es tener los medios intelectuales para la libertad.
>
> PATRICE CANIVEZ

En la etapa de la adolescencia las fronteras entre la infancia y la edad adulta se difuminan. A veces a los padres nos es difícil decidir acerca de la flexibilidad o rigidez que debemos mantener respecto a las normas de convivencia. Está claro que en esta etapa el adolescente va a luchar para que se le reconozcan libertades propias de los adultos, alegando que ya es mayor. A su vez, posiblemente intente no cargar con las obligaciones y responsabilidades de los adultos, alegando que aún es demasiado joven. Su interés reside en tener lo mejor de ambos mundos y a esta lucha dedica toda su energía.

En esta etapa, los padres debemos dejar bien claro que toda adquisición de libertad y toda ampliación de territorio supone un incremento de responsabilidad. Todo derecho va unido a los deberes correspondientes y no puede haber libertad sin ellos.

La permisividad —en el sentido de dar sólo derechos— es muy perniciosa para los hijos y para la dinámica familiar y social. Sólo será una fuente de cultivo de personas que buscarán la vida fácil y que intentarán imponer su voluntad sin aportar nada a cambio, parásitos egoístas que van a provocar conflictos que posiblemente no sabrán manejar. Ampliar límites sí, pero dándoles los medios intelectuales y afectivos para que puedan ejercer su libertad con responsabilidad. La falta de límites y de referentes no les ayudará a hacerlo.

La inmediatez: «Lo quiero todo ¡ya!»

> Es preciso tomarnos el tiempo necesario para forjar bien cada cosa.
>
> JORDI LLIMONA

Jean-Paul Sartre describió la relación entre prisa y violencia. La persona apresurada quiere las cosas inmediatamente y para ella la violencia es, sin lugar a dudas, el camino más corto. ¿Para qué guardar las formas que siempre son más lentas?[42]

---

42. Referencia en José Antonio Marina, *El laberinto sentimental*, Anagrama.

Hijos malcriados: inmediatez, impulsividad, exigencia, despotismo, intolerancia e impaciencia. La facilidad y la rapidez son valores que no sólo no ayudan a crecer sino que, además, van a ser obstáculos importantes en su vida. A diario se nos plantean problemas y el camino más fácil y rápido es el que conduce a la violencia y la destrucción.

En una educación sobreprotectora y donde faltan límites, el niño impone su deseo a unos padres que quieren evitar que sufra y se frustre. Así, no sólo satisfacen rápidamente su demanda sino que ya ni esperan a que la haga. Se acostumbra a que anticipen sus deseos y cuando no sucede así exige, grita y se muestra agresivo para conseguir lo que quiere. ¿Pero... acaso fuera del entorno familiar va a encontrar las mismas respuestas que le dan sus padres?, ¿en un trabajo?, ¿en una relación de pareja? Vive engañado pensando que lo que recibe en casa es lo que encontrará fuera. Más adelante se dará cuenta que ha sido una estafa y va a reclamar.

La diversión

Resumen del informe sobre una dinámica de grupo realizada con niños de entre diez y once años: Debían elegir, en una lista de cuarenta cosas, las diez que se llevarían, preferentemente, para vivir todos ellos en una isla desierta durante tres años. Realizaron el trabajo en dos equipos. Cada grupo debía acordar por consenso la lista a presentar. Elecciones que hicieron:

- El primer grupo eligió, entre lo prioritario, alimentos, ropa, juegos y penicilina.
- El segundo grupo colocó entre sus demandas: marihuana, cigarros, píldoras anticonceptivas y un proyector de cine.

Ambos equipos dedicaron bastante tiempo a discutir debido a que no llegaban a un acuerdo sobre la necesidad de incorporar «semillas» a la lista. El argumento esgrimido era que a muchos no les gustaba la verdura. Finalmente ningún grupo las eligió. Las elecciones finales se basaron en el sustento, unas, y en el deseo de disfrutar sin pensar en el sustento, las otras.

¿Qué valoración podemos hacer? ¿Por qué no han aprendido que para vivir hay tareas de mantenimiento que realizar y que no todo lo que es necesario hacer será divertido, que muchas veces será difícil, desagradable, pesado y que —a pesar de todo— será necesario asumirlo?

¿Acaso porque hay padres y educadores que venden la diversión como motivación para que asuman ciertas tareas o aprendizajes?

> —¡Verás cómo te diviertes! ¡Este libro, esta clase, esta película, esta reunión... será divertida!

Y si no lo es, ¿ya no vale la pena? ¿Acaso es divertido estar enfermo o ir a trabajar cada día en algo que no te agrada porque necesitas el dinero para vivir; o que se vaya un amigo, o limpiar lo que ensuciamos en casa, o estudiar asignaturas que no te atraen especialmente pero que forman parte de la carrera que escoges? Quizá no sea divertido, pero forma parte de la vida y del vivir. Y aunque no sea divertido puede ser instructivo, ayudarnos a desarrollar cualidades y facetas de nuestra persona que desconocíamos y a practicar el esfuerzo y la voluntad. Colocar la diversión como un valor prioritario en nuestra escala de valores es peligroso. No es un valor absoluto por sí mismo, como podrían serlo la bondad o la justicia. Para algunas personas también puede ser divertido destruir. La diversión puede ser una consecuencia de algo pero no debería ser el objetivo final de nada.

¿Y si en lugar de la diversión planteada de forma consumista, como algo a adquirir de fuera, la proponemos como una capacidad interior de vencer la rutina, sorprendernos y crear? Es interesante incorporar el valor «diversión-fiesta» a nuestra vida interior y exterior. Supone la capacidad de gozar y saborear todo lo positivo que nos llega y darle el tiempo que se merece. Para cultivar la alegría de la diversión-fiesta será necesario cultivar las actitudes de apertura, humor, generosidad, gracia, creatividad e ilusión.

La facilidad: todo masticado

El maestro sufi contaba siempre una parábola al finalizar cada clase, pero los alumnos no siempre entendían su sentido:

—Maestro —le dijo uno de ellos una tarde. Tú nos cuentas los cuentos pero no nos explicas su significado...

—Pido perdón por eso —se disculpó el maestro. Permíteme que en señal de reparación te convide a comer un rico melocotón.

—Gracias, maestro —respondió halagado el discípulo.

—Quisiera, para agasajarte, pelarte tu melocotón yo mismo. ¿Me permites?

—Sí. Muchas gracias —dijo el alumno.

—¿Te gustaría que, ya que tengo en mi mano el cuchillo, te lo corte en trozos para que te sea más cómodo?

—Me encantaría... pero no quisiera abusar de tu hospitalidad, maestro...

—No es un abuso si yo te lo ofrezco. Sólo deseo complacerte. Permíteme también que te lo mastique antes de dártelo.

—No, maestro. ¡No me gustaría que hicieras eso! —se quejó sorprendido el discípulo.

El maestro hizo una pausa y dijo:

—Si yo les explicara el sentido de cada cuento... sería como darles de comer una fruta masticada.

EL CASO ANTONIO O LA PÉRDIDA DE LA INTEGRIDAD PERSONAL

Tomemos como ejemplo un niño:[43] Antonio tiene cinco años y es el hijo de una familia española de clase media-alta, bastante acomodada. Está jugando en el parque con Alí, un niño marroquí, y le gusta —como es natural— porque aún no conoce ni las diferencias ni los prejuicios. Entonces su madre le dice, de la forma mimosa en que algunas madres hablan:

—¿Sabes, Antonio? Tú y yo sabemos que este niño es tan bueno como nosotros, es estupendo. Pero ¿sabes?, a los vecinos no les gusta demasiado y no entienden que juegues con él. ¡Sería mejor que jugases más con otros niños! Ya sé que no te gusta lo que te digo pero, ya verás, esta noche te voy a llevar al circo, que tanto te gusta.

Quizás esta madre no lo diga tan claro, pero tampoco le dice al niño que llevarlo al circo, a cualquier otro lugar que le guste o comprarle algo que desea es un pago para que deje de jugar con el niño marroquí. Así, el pequeño Antonio, que al principio había protestado, dice:

—¡Pero si me gusta jugar con él. Es mi amigo!

---

43. Este apartado se basa en la actualización de un caso expuesto por Erich Fromm en su libro *El arte de escuchar* (editorial Paidós), así como de sus reflexiones al respecto.

Acaba aceptando la invitación al circo. Este es su primer error y su primera derrota. Se ha empezado a quebrantar su integridad y su voluntad. Ha hecho su primera mala jugada.

Digamos que Antonio, quince años después, se enamora de una chica. Está verdaderamente enamorado, pero la chica pertenece a una familia trabajadora muy humilde. Sus padres consideran que no es «adecuada» para él y que no debe comprometerse con ella. Pero no se lo dicen al estilo de los abuelos. ¡Ni pensarlo! «Esta chica pertenece a una familia con la que no queremos emparentar.» Son más sutiles. Sus padres le dirán algo así:

> —Es una chica encantadora pero de un origen muy distinto al tuyo. Para ser felices, las parejas deben ser equivalentes. De todas formas, ya sabes que eres perfectamente libre. Esto es cosa tuya y nosotros no vamos a interferir, aunque te equivoques. Pero ¿sabes? Tómate un año de reflexión. Podrías irte a Nueva York. Te pagamos la estancia y los estudios de idiomas que tanto quieres hacer, y si a la vuelta consideras que la sigues queriendo, te comprometes con ella.

Y él acepta. Ya es su segunda derrota, facilitada por la primera y por muchas otras pequeñas derrotas de la misma especie. Lo han comprado y se ha dejado comprar. Se ha quebrantado su propia estima, su orgullo, su dignidad y el sentido de la propia identidad. Y, dado que la oferta que se le ha hecho es tan tentadora, tan razonable, respetando tanto su «libertad» de comprometerse a la vuelta de Nueva York... lo acepta. Pero, en el momento de aceptar el billete y la estancia, ha vendido a la chica sin darse cuenta. Se va, convencido de que la sigue amando y que se casará con ella al volver. Así se lo comunica.

Los tres primeros meses le escribe desde Nueva York las cartas de amor más maravillosas pero —de modo subconsciente—

sabe que no se va a casar con ella puesto que aceptó el soborno. Y quien acepta un soborno debe cumplir. Uno no puede aceptarlo sin cumplir implícitamente con lo pactado. Aquí se pone en juego un segundo elemento moral que es «tener palabra».

Así es que Antonio conoce en Nueva York a muchas chicas y, durante un año, han pasado muchas cosas. Llega a la conclusión de que, en realidad, sus padres tenían razón y que no amaba tanto a su novia, puesto que se ha enamorado de muchas otras chicas. Así que, con cierta tranquilidad de conciencia, le escribe diciendo que ya no la ama. Dado que desde hacía un tiempo iba espaciando sus cartas, le parece que el hecho de cortar con ella no es algo tan brusco.

A los veintitrés años, Antonio ingresa en la universidad. Se trata de saber qué quiere hacer. Su padre es un abogado de prestigio muy conocido y quiere que su hijo también sea abogado. No obstante, a Antonio siempre le ha interesado la arquitectura. Un día su padre le cuenta que «sufre del corazón» y que, por lo que pueda pasar, Antonio debe pensar en su madre y en su futuro. Además... ¡qué desagradecido que es! ¡Después de haberle pagado la estancia en Nueva York durante un año! Con tantas esperanzas que habían puesto en él... No sabe lo desgraciado que va a ser porque, vamos a ver, ¿ha pensado cuánto ganaría como arquitecto y cuánto como socio del despacho de abogados de su padre cuando se haga cargo del mismo? Le pide que lo reflexione. A los pocos días de la conversación su padre lo sorprende regalándole el magnífico coche deportivo rojo que Antonio siempre había deseado. Es una trampa, un nuevo soborno para que él ceda nuevamente. Y cede.

Llegado a este punto, Antonio está perdido. Se ha vendido completamente al ceder una vez más. Ya se ha perdido el respeto, y su integridad está en entredicho. Nuevamente actúa de forma incoherente consigo mismo y es muy probable que así continúe haciéndolo toda su vida: seguramente se casará con una mujer que le convenga aunque no la ame, se aburrirá en su trabajo y se lamentará por haber llegado a tal situación, se sentirá triste, vacío e infeliz... teniendo todo lo material.

¿Cómo ha llegado Antonio a tal situación? En realidad no ha sido por un suceso repentino que haya trastocado su vida sino por la aparente acumulación de sucesos menores y por haber cometido una equivocación tras otra. Si al principio tenía mucha libertad, la ha ido perdiendo poco a poco hasta llegar a un punto en el que casi ya no tiene ninguna en absoluto.

Según afirma Erich Fromm, la libertad no es algo que tengamos, sino una cualidad de nuestra personalidad. Somos más o menos libres de resistir la coacción, más o menos libres de hacer lo que queramos y de ser nosotros mismos. Y según decidamos y actuemos, nuestra libertad aumentará o disminuirá. En determinado momento Antonio ha abandonado casi toda esperanza. Fromm afirma que, aunque siempre es posible que se produzca en su vida un suceso inesperado o extraordinario que la vuelva al revés, esto es poco probable ya que estos sucesos extraordinarios suelen darse raramente y esperarlos es bastante inútil.

Si bien los primeros sucesos no determinan a una persona sí que la inclinan. Pero lo cierto es que cuanto más tiempo perseveremos en determinado camino más difícil será cambiar la tendencia. Aun así, aunque nuestros padres y el entorno en el que hemos sido educados hayan sido nuestras influencias dominantes, llega un momento en el que debemos preguntarnos y respondernos con honestidad: *¿Qué he hecho y qué hago a fin de no sucumbir a estas influencias?* Hemos dado mucha importancia a los factores condicionantes que nos hacen ser como somos pero a menudo olvidamos preguntarnos qué hubiéramos podido haber hecho nosotros para desenredarnos, para obrar de otra forma, más honesta y coherente, utilizando el margen de libertad que todos tenemos.

—Verás. Muchas veces me imagino que hay un montón de niños jugando en un campo de centeno. Miles de niños. Y están solos, quiero decir que no hay nadie mayor vigilándolos. Sólo yo. Estoy al borde de un precipicio y mi trabajo consiste en evitar que los niños caigan en él. En cuanto empiezan a correr sin mirar adónde van, yo salgo de donde esté y los cojo. Eso es lo que me gustaría hacer todo el tiempo. Vigilarlos. Yo sería el guardián entre el centeno. Te parecerá una tontería, pero es lo único que de verdad me gustaría hacer. Sé que es una locura.

El guardián en el centeno de J. D. Salinger... la ignorancia del precipicio, la infancia feliz pero inconsciente de los peligros del vivir, porque existe un guardián que los salva cuando están a punto de despeñarse. Este es el deseo de muchos padres: que sus hijos vivan felices y a salvo. La cuestión es que no siempre estarán a su lado para evitar que caigan por el precipicio. El hecho es que educar con amor supone mostrar a los hijos que en la vida hay zonas donde uno puede bajar la guardia y zonas de peligro en las que uno deberá estar en alerta y aprender a protegerse. No siempre habrá un «guardián en el centeno». Quizá deberíamos trabajar para que sean ellos mismos su «propio guardián que les salva».

DESEO DE REGRESO AL ÚTERO

La vida es una llama que nunca deja de consumirse pero que se reaviva cada vez que nace un niño.

GEORGE BERNARD SHAW

Si el mundo exterior es demasiado duro y exigente; si las cosas no son fáciles, ni no nos dan lo que deseamos de forma rápida o inmediata, si las personas que encontramos no se rinden ante nuestra «majestad» como hacían nuestros padres; si para conseguir lo que queremos debemos invertir mucho esfuerzo y energía y —a veces aun así— no lo conseguimos; si sufrimos porque nos dañan o porque nos ignoran o porque perdemos... quizás optemos por volver al útero.

El regreso a la zona de seguridad, a la zona de comodidad, a la zona donde reina la facilidad, donde se anticipan o colman nuestros deseos; donde no es preciso arriesgar nada, donde no se nos pide nada, donde sólo somos servidos y siempre aceptados —por impresentables que seamos, por egoístas que seamos, por insolidarios que seamos—. Volver a casa o no salir ya de ella. ¿Para qué aventurarse? ¿Para qué vivir?

En la actualidad muchos hijos no dejan el hogar de los padres o vuelven a él al menor inconveniente o desengaño. Son seres débiles, sin alas para volar. Por miedo a sufrir y a esforzarse prefieren «vegetar» en una zona segura o cómoda que no favorece su crecimiento, antes que arriesgarse a salir a la zona de incertidumbre y riesgo que comporta vivir plenamente.

4

UN SISTEMA RELACIONAL DESADAPTATIVO

- La ecología emocional propone un modelo de persona ilusionada por vivir, que mantiene y alimenta su curiosidad, aprende, crea y ama.

- Educar es enseñarles a vivir en todo tipo de paisajes y climas emocionales. No podemos mostrarles tan sólo la parte fácil, cómoda o agradable de la vida.

- Los padres o educadores permisivos deben ser conscientes de que lo que dan a sus hijos no es libertad sino licencia.

- Tanto la desidia como la sobreprotección son otras formas de malos tratos infantiles que raramente se consideran.

- Los padres deben dejar bien claro que toda adquisición de libertad y toda ampliación de territorio supone un incremento de responsabilidad.

UN SISTEMA RELACIONAL ADAPTATIVO

Raíces sí, claro;
pero, sobre todo, ¡alas!

SAINT JOHN PERSE

VIVIR PARA QUE ELLOS VIVAN

Cada vez que escucho la palabra libertad me siento un poco más libre. Y sé también que todos debemos derrotar al esclavo que tenemos dentro si queremos vivir en libertad. Porque es este esclavo el que nos impulsa a obedecer y a cumplir las normas, el que quiere hacernos pensar y sentir como los demás.

SUSAN SONTAG

Los padres no debemos dimitir de nuestra vida por el hecho de tener hijos. Es más, afirmamos que —más que nunca— tenemos el deber de vivir vidas íntegras y plenas a fin de transmitir a nuestros hijos un modelo de persona conectada consigo misma, con los demás y la vida.

Continuar con nuestros proyectos, objetivos y aportaciones al mundo; alimentar la mente y el corazón, trabajar, disfrutar de la vida, de espacios propios, implicarnos activamente en los problemas y retos sociales y cultivar activamente el amor. Estos son algunos de los aspectos esenciales del arte de VIVIR. Solamente si nosotros estamos realmente vivos y activos nuestros hijos aprenderán a vivir.

Vivir es verbo. Un verbo supone acción y dejar de mantenernos al margen. No sirve de nada diseñar un excelente proyecto de vida si no lo llevamos a la práctica. Vicens Ferrer afirma: «La acción contiene en sí misma todas las filosofías, todas las religiones, el universo entero». Un universo para nuestros hijos, pues.

UN MODELO HUMANO
EMOCIONALMENTE MÁS ECOLÓGICO

Los que saben, no hablan
los que hablan, no saben.
El sabio enseña con sus actos,
no con sus palabras.

CHUANG TSE

La ecología emocional afirma que para conseguir un ser humano emocionalmente más equilibrado y armónico es preciso educar sincrónicamente cuatro ejes o líneas de desarrollo.[44] El objetivo es lograr una persona autodependiente, pacífica, crea-

---

44. Estos ejes son el resultado del trabajo realizado por el «Grup de Recerca de la Fundació ÀMBIT»: R. Casafont, A. Castro, A. Ferrao, F. Ferrenbach, X. Ferrero, T. Gascón, M. González, D. Marlet,

tiva y amorosa. Estos cuatro ejes deben desarrollarse de forma sincrónica puesto que, de no ser así, se produciría un desequilibrio. Podemos imaginarlos como las cuatro patas de una silla. Alargar o acortar una, en detrimento de las demás, sólo nos haría perder estabilidad.

La persona autodependiente es la que desarrolla su mejor potencial y lo actualiza en acciones concretas, la que aprende a ayudarse a sí misma y construye su proyecto de vida. Es capaz de vivir en silencio y soledad —aunque no aislado y desconectado— y convivir, sin ahogar ni dejarse ahogar por los demás. Alguien que sigue su propio criterio, que se respeta y es capaz de respetar a los demás; una persona consciente de sus necesidades y de sus deseos, de sus pensamientos, valores y emociones; un ser independiente que no utiliza a los demás como medios para llenar los vacíos de su vida.

La persona pacífica, pero no amorfa, no rehúye el conflicto y los problemas, sino que los enfrenta, sin agredir ni lesionar a los demás o a sí misma. Es alguien con autocontrol de sus emociones, con capacidad para identificarlas, interpretarlas y darles una salida adaptativa. Una persona asertiva que habla desde el yo, sin juzgar a los demás; que asume su responsabilidad y el control de su vida, que aprende, escucha, calla y habla cuando es preciso. Este ser pacífico no contamina emocionalmente, se mueve mediante energías emocionales ecológicas y opta por formar parte de la solución de nuestro mundo en lugar de ser parte de su problema.

La persona creativa tiene capacidad para buscar recursos y soluciones nuevas o alternativas a los retos que se le plantean, es alguien flexible, capaz de deshacer y rehacer su mapa mental cuando aparecen elementos nuevos y cambios inesperados. Una

R. Martínez, A. Rebordosa, dirigidos por M. Conangla. Universitat Politècnica de Catalunya. UNIFF (curso 2002-2003).

persona con una creatividad orientada por valores positivos.[45] Alguien que en el dilema inicial que plantea la ecología emocional: ¿Crear o destruir?, ha optado claramente por formar parte de la primera opción.

La persona amorosa considera el amor como la máxima fuerza creadora, como el sentimiento más difícil de construir y la conducta más difícil de adoptar pero, también, la fuerza que va a salvarnos de la destrucción. La persona amorosa dedicará toda la vida a cultivar el difícil arte de amar: conocimiento, responsabilidad, respeto, compromiso, cuidado y comunicación. La persona amorosa es tierna, no agresiva, creativa y capaz de dar un amor que no ata, sino que libera.

Estos son los ejes que proponemos para el modelo de educación a desarrollar en este nuevo milenio, si queremos una humanidad que avance más allá de la tecnología y la biología. La ecología emocional plantea una forma ética y ecológica de ser y convivir. Desde aquí os lanzamos este reto.

LA DIMENSIÓN AFECTIVA

La humanidad no es una herencia, es un triunfo. Nuestra verdadera herencia es la propia capacidad para hacernos y formarnos a nosotros mismos, no como las criaturas del destino, sino como sus forjadores.

ASHELY MONTAGU

---

45. Una persona con elevada creatividad pero orientada por valores como la ambición, el egoísmo, el afán de poder, la discriminación o el éxito puede causar mucho daño a su entorno y un impacto emocional muy desadaptativo.

Las emociones son parecidas a un gran caudal de energía que, bien orientado, puede generar efectos muy positivos pero que dejado «a su aire» o mal dirigido puede paralizar o destruir. La educación de la dimensión afectiva unida a un buen trabajo de educación intelectual y visión crítica nos permitirá construirnos más humanos, más capaces de mejorar y desarrollarnos a nosotros mismos y a nuestro mundo.

Es esencial recordar que educamos mediante los modelos que damos. También debemos tener presente que es necesario marcar los límites de un territorio que tenga las condiciones adecuadas para que nuestros hijos desarrollen las competencias emocionales, intelectuales y morales necesarias para el buen vivir.

Se trata de darles alas educándoles en la autonomía, la responsabilidad y estimulando al máximo sus capacidades.[46] El objetivo es que sean capaces de realizar un buen trabajo de equipo entre la razón y la emoción. Y si lo consiguen, ambas dimensiones crearán sinergias que los harán casi invencibles.

LA LIBERTAD INTERIOR Y EL SENTIDO CRÍTICO

> *Buda nunca predicó «la verdad» ya que entendía que cada persona debía buscarla dentro de sí misma.*
>
> MAHAYANA[47]

Ni la facilidad ni la búsqueda incesante de seguridad son criterios adecuados para educar. Vivir siempre es un riesgo. Todo lo que realmente vale la pena supone una fuerte inversión de

---

46. Pere Ribera, pedagogo.
47. Libro de sutras budista.

energía creativa y tiempo. A medida que aumenta el caos y la sensación de confusión en el mundo que nos rodea, vamos invirtiendo más en seguridad. Y en esta búsqueda nos aferramos a ideas, a personas, objetos y posesiones (casas, cuentas bancarias, propiedades...). Aumentamos los sistemas de control e imponemos barreras para disminuir el peligro. Buscamos las garantías de una buena vida —actual o futura— siguiendo determinadas pautas o sometiéndonos a determinadas reglas, en un intento de asegurar incluso lo que no es posible garantizar: los afectos.

Es el miedo —el gran miedo, el gran saco de miedos— lo que nos lleva a buscar líderes y maestros que nos dirijan y den respuesta a nuestra vida en lugar de asumir nosotros mismos la tarea de liderarnos y ser nuestra propia autoridad de referencia. Y si nos dejamos arrastrar por el miedo, ¿vamos a favorecer el pensamiento crítico en nuestros hijos o bien les recomendaremos que sigan al rebaño, que no se compliquen la vida, que no llamen la atención, que no se definan en público, que no arriesguen, que no piensen? ¿Que no vivan? ¿Vamos a pensar en su lugar, a decidir en su lugar, a vivir en su lugar? De hacerlo así, nuestros hijos correrán el riesgo de ser fácilmente influidos por sectas y grupos que les garanticen la felicidad y la seguridad y quizás huyan de la realidad recorriendo a todo tipo de adicciones y dependencias. ¿Es esto lo que queremos?

Fomentar el pensamiento crítico de los hijos supone asumir riesgos: riesgo a que piensen distinto, a que no compartan nuestros intereses, a que tengan otros valores, a que tomen decisiones que no nos gusten, a que se alejen y a que dejen de vernos como «dioses». Pero también supone una protección: que no sean tan vulnerables ni fáciles de manipular, que puedan ejercer su libertad y su responsabilidad asumiendo las consecuencias de sus actos y aprendiendo de sus errores; que maduren y crezcan, que se construyan diferentes, como les sea propio... a que vivan, en definitiva.

Podemos enseñarles que, en función de cómo uno se posicione y de quién observe, el mismo hecho puede ser visto de forma distinta y que ellos deberán elegir su conducta guiados por los valores que les hemos transmitido. Ideas y contradicciones forman parte de la variedad de la vida. Nosotros elegimos con qué nos quedamos.

> —Mi marido me dijo una vez que Cristo es el símbolo del sol...
>
> —Sí, señora mía. ¿Y por qué no iba a ser verdad lo contrario, que el sol es el símbolo de Cristo?
>
> —Usted lo vuelve todo del revés...
>
> —Es mi deber, señora. No soy, como dice Goethe, el espíritu que niega, sino el espíritu que contradice.
>
> —Contradecir es feo...
>
> —Contradecir actos, sí... Contradecir ideas, no.
>
> —¿Y por qué?
>
> —Porque contradecir actos, por malos que sean, es estorbar lo que mueve el mundo, que es la acción. En cambio, contradecir ideas es dar pie a que nos abandonen, y caer en el desaliento y de ahí en el sueño y, por tanto, pertenecer al mundo.[48]

El tipo de persona en la que acabamos convertidos va a ser el resultado de una decisión íntima y no tan sólo de la influencia recibida por nuestros padres o por nuestro entorno.[49] Esta libertad interior no nos puede ser arrebatada y es lo que hace que nuestra vida tenga sentido y propósito. Lo mismo se aplica

---

48. Fernando Pessoa, *La hora del diablo*, El Acantilado.
49. Para profundizar: Krishnamurti, *La libertad interior*, Kairós.

a nuestros hijos. Hay etapas en las que los padres tenemos un papel importante aunque —afortunadamente— no determinante. Es importante saberlo y ejercer nuestro rol de tutores con responsabilidad. Más adelante nuestra principal responsabilidad será dejar de intervenir y no inmiscuirnos.

En la etapa de la adolescencia los padres y educadores debemos tener cuidado en evitar dar consejos que supongan sustituir el control que ellos mismos deben adquirir. Así, cuando nos quieran pasar la resolución de su problema podemos evitar caer en la trampa diciendo algo parecido a:

—¡Tú mismo!

—Esta es tu elección y tu responsabilidad.

—No se trata de lo que yo haría sino de lo que tú pienses que debes hacer.

—Es tu vida y no mi vida.

—Valora los pros y contras y luego decide tú mismo.

—No puedo decidir por ti porque yo no soy tú. En todo caso sólo puedo hablarte de mi experiencia por si te sirve.

Esta cesión de control debe ser progresiva hasta que llega un momento en que los padres dejamos de intervenir y los hijos asumen su libertad y las consecuencias de la misma. Si no ocurre así, algo habrá fallado en este proceso.

ÍCARO

Un buen padre vale por cien maestros.

JEAN-JACQUES ROUSSEAU

Huyendo del laberinto, Dédalo construyó unas alas con cera y plumas de ave para saltar y volar. Le dio unas alas a su hijo Ícaro y le dijo:

—Hijo mío. Tienes que tener cuidado de no volar demasiado alto, puesto que entonces el sol fundiría la cera. Tampoco vueles demasiado bajo, puesto que la humedad haría que las alas pesasen demasiado y tampoco podrías volar.

Ícaro era joven y, convencido de sus fuerzas, no hizo caso a su padre. Una vez en el aire empezó a subir más y más alto. El sol fundió sus alas. Cayó al mar y murió.

Es importante educar a nuestros hijos con alas pero también con límites. A su vez, ellos deberán aprender a respetar esos límites hasta que tengan recursos propios para superarlos o sustituirlos.

EL DON DE LA LUCIDEZ O ENSEÑAR A PENSAR

En la vida se obtiene lo que se quiere, no lo que se desea.

LOU MARINOFF

Me preocupa que tengan siempre presente que enseñar quiere decir mostrar. Mostrar no es adoctrinar, es dar información, pero dando también, enseñando también el método de atender, analizar, razonar y cuestionar esa información ... / ... Ningún chico será mejor persona por saber de memoria el año en que nació Cervantes. Pónganse como meta enseñarles a pensar, que duden, que se hagan preguntas. No los valoren por sus respuestas.

Las respuestas no son la verdad, buscan una verdad que siempre será relativa. Las mejores preguntas son las que se vienen repitiendo desde los filósofos griegos. Muchas son ya lugares comunes, pero no pierden vigencia: cómo, dónde, cuándo, por qué. Si en esto admitimos, también, eso de que «la meta es el camino», como respuesta no nos sirve. Describe la tragedia de la vida, pero no la explica. Hay una misión o un mandato que quiero que cumplan. Es una misión que nadie les ha encomendado, pero que yo espero que ustedes, como maestros, se impongan a sí mismos: despierten en sus alumnos el dolor de la lucidez. Sin límites. Sin piedad.[50]

«Haced lo que queráis, suponiendo que seáis de los que podéis querer sin que nadie quiera por vosotros», dijo Nietzsche. No es fácil «querer» sin que nadie «quiera por nosotros». ¿Son nuestros deseos «nuestros», o el fruto del contagio de los deseos de nuestros padres, de las demandas de nuestros maestros, de la presión de los medios de comunicación, de la publicidad, o el producto de unos valores culturales y sociales que no hemos elaborado ni filtrado?

En el fragmento con que se inicia este apartado, se habla de la misión de educar: ser capaces de despertar en los jóvenes el «dolor de la lucidez». De esto se trata, de ser lúcidos. Lúcidos de luz, de conocimiento de nosotros mismos. Sólo transitando por nuestro territorio interior y explorándolo vamos a saber qué queremos realmente, y qué precio estamos dispuestos a pagar para satisfacer nuestro querer. El conocimiento, aunque da alegría, también puede ser doloroso al empujarnos al difícil territorio de la incertidumbre, del reto, de la dificultad y del cre-

---

50. Extracto de los diálogos de la película *Lugares comunes*, escrito por Adolfo Aristarain y Kathy Saavedra.

cimiento personal. Es esencial tener bien presente que nadie puede despertar en otro algo que no tenga en sí mismo: Ser padres
lúcidos para despertar el don de la lucidez en nuestros hijos.

PREGUNTAS Y RESPUESTAS

> *Los adultos siempre les preguntan a los niños qué de-*
> *sean ser cuando crezcan, porque están buscando ideas*
> *para sí mismos.*

PAULA POUNDSTONE

«El sabio es el que se asombra ante todo y se plantea preguntas».[51] Una de las características de la vida es la evolución y
el cambio constante. Si bien hay preguntas que se van manteniendo a lo largo de la historia, las respuestas a las mismas
han ido variando en función de las distintas épocas, culturas y
civilizaciones.

Aprender a preguntarse y a preguntar es fundamental para
gestionar ecológicamente las relaciones entre padres e hijos.
Aunque las preguntas sean las mismas, no debemos dar por
supuestas las respuestas, puesto que nuestros hijos son seres
en constante evolución. Como la ciencia que avanza, no hay
verdades absolutas y una hipótesis, considerada como cierta
tiempo atrás, puede quedar desfasada en el presente. Las nuevas
explicaciones requerirán atención y capacidad de observación
pero, sobre todo, un enorme interés y respeto por el otro, así
como una gran capacidad de amar.

Quien se hace preguntas es difícilmente manipulable. Formular las preguntas adecuadas afina nuestro sentido crítico, no

---

51. Ramón Llull.

da nada por sabido, flexibiliza nuestra mente, pone en marcha nuestra creatividad y activa nuestra capacidad de explorar y actuar. Entre la pregunta y la respuesta se despliega todo un camino de aprendizaje. Esta ruta evita que nuestros hijos sean personas cómodas y crédulas, fáciles de manejar y pasivas ante la vida y sus retos. Aunque las preguntas parezcan las mismas, debemos permitir y favorecer que nuestros hijos busquen y construyan sus propias respuestas, por distintas que sean de las nuestras y, si nos preguntan, darles respuestas claras y honestas.

Y TÚ... ¿QUÉ LLEVAS DENTRO?

Cuentan que, en cierta ocasión, Martin Luther King estaba a punto de dar una de sus famosas conferencias sobre derechos humanos, cuando notó que un pequeño niño de color se encontraba al frente de su auditorio. Se sintió sorprendido, preguntó a uno de sus ayudantes al respecto y éste le indicó que había sido uno de los primeros en llegar.

Al terminar su discurso se soltaron globos de diferentes colores hacia el cielo y pudo observar que el niño no dejaba de mirarlos. Esto llamó la atención de Luther King, quien abrazándolo lo levantó en brazos.

El pequeño lo miró fijamente y le preguntó si los globos negros también volaban hacia el cielo. Luther King lo miró dulcemente y le contestó:

—Los globos no vuelan al cielo por el color que tengan, sino por lo que llevan dentro.

DIEZ ACTITUDES Y CONDUCTAS
EMOCIONALMENTE INTELIGENTES

El propósito de toda educación es convertir una mente vacía en una mente abierta.

ERICH FROMM

A vosotros, padres y educadores, os proponemos desarrollar un repertorio de actitudes y conductas que promoverán una educación emocional más inteligente y ecológica. Aquí tenéis algunos posibles puntos de mejora:

1. Ser coherentes con nosotros mismos (entre lo que pensamos, sentimos, expresamos y hacemos). Sólo así conseguiremos autoridad moral.

> *Más alto que el «tú debes» está el «yo quiero» (los héroes), más alto que el «yo quiero» está el «yo soy» (los dioses de los griegos).*

FRIEDRICH NIETZSCHE[52]

Eduardo Galeano explica que los pescadores de la costa colombiana han inventado la palabra «sentipensante» para definir el «lenguaje que dice la verdad». Para educar, es preciso obrar en verdad y no mandar hacer o ser nada que nosotros no hagamos o seamos. Si queremos que nuestro hijo sea generoso, debemos practicar la generosidad en nuestra vida; si queremos que sea una

---

52. Friedrich Nietzsche, *Fragmentos póstumos*, Abada Editores, frag. 25 (351).

persona equilibrada, tenemos que serlo nosotros. El aprendizaje mediante modelos es una de las formas más poderosas de influencia. No sirven las órdenes ni las obligaciones: En lugar de «debes hacer» o «debes ser», se trata de vivir para enseñar a vivirlo.

El mundo cambia y avanza y, por ello, es importante que los padres avancemos y mejoremos. Nuestros hijos crecen y nosotros debemos crecer con ellos, sino los vamos a perder de vista, habitaremos en mundos distintos y nos será difícil establecer un diálogo fluido. Lo que enseñamos, caduca; lo que vivimos, siempre queda en pie. Para que nuestro hijo pueda ser él mismo, tenemos que ser nosotros mismos y obrar en verdad. No se trata de ser el mejor de todos, tan sólo trabajar para conseguir llegar a ser la mejor versión de nosotros mismos.

2. *Autocontrolarnos para que ellos sean capaces de hacerlo*

Es necesario que controlemos al «homo demens» para poder ejercer un pensamiento racional, argumentado, crítico y complejo. Necesitamos inhibir en nosotros aquello que «demens» tiene de asesino, malvado o imbécil. Necesitamos sabiduría, que requiere de nosotros prudencia, templanza, mesura y desprendimiento.

EDGAR MORIN

A veces descargamos nuestros problemas y nuestra agresividad en nuestros hijos. Cansados, tensos, preocupados y estresados llegamos a casa cargados de basuras emocionales que no hemos sabido canalizar adecuadamente.

Tropecé con un extraño que pasaba y le dije:
—¡Perdón!

Él contestó:

—Disculpe, por favor... no la vi.

Fuimos muy educados, nos despedimos, seguimos nuestro camino. Más tarde, cuando estaba en casa cocinando, estaba mi hijo muy pegado a mí. Al girarme, casi le doy un golpe...

—¡Quítate de ahí! ¡A ver si no molestas! —le grité.

Él se retiró, compungido, sin que yo notara que le hablé con dureza.

Por la noche, al analizar mi día, me di cuenta de que había tratado con respeto y cuidado al extraño y que había abusado del niño que amo.

Generamos basuras emocionales: la tensión, el enfado, el mal humor, la frustración, el resentimiento, la culpa, el descontento... ¡Cuántas veces hemos utilizado a nuestros hijos o a nuestra pareja de vertedero donde las volcamos! Esto es injusto y tiene un elevado precio relacional. En ningún caso debemos descargar en ellos nuestras basuras emocionales y aliviar nuestra tensión o frustración. Es esencial aprender a dar una salida no destructiva a esta energía negativa. ¿Con qué autoridad moral vamos a pedir a nuestro hijo que controle su mal humor, su ansiedad y su agresividad, si nosotros somos incapaces de hacerlo? Nuestra conducta es su principal referente.

3. Fomentar la expresión sincera de sensaciones, emociones y pensamientos

La jirafa tiene la cabeza lejos del corazón. Tanto, que se emocionó hace unos días y aún no lo sabe.

BRONISLAW MALINOWSKY

Es necesario permitirnos sentir, dar nombre a nuestro sentimiento y expresar nuestras emociones de forma emocionalmente ecológica. Prohibir o penalizar determinada emoción puede ser muy perjudicial.

Es necesario expresar nuestras emociones, sin ocultarlas como si fueran ilegítimas. Es importante no retenerlas y darles la salida adecuada. A veces las reprimimos porque creemos que son signo de debilidad. Pero nuestros hijos no necesitan padres siempre felices, sino padres honestos. Si no mostramos nuestra tristeza, desánimo o nuestra preocupación y enfado, ellos no sabrán que es legítimo sentirlo ni tampoco cómo dar respuesta a lo que sienten. Como dijo Frida Kahlo: «Amurallar el propio sufrimiento es arriesgarse a que éste nos devore desde el interior».

También es necesario expresar las emociones agradables como el amor, la ternura, el agradecimiento o la ilusión. Si no lo hacemos nos perdemos la oportunidad de mejorar nuestra vida y la de las personas que amamos y que, a veces, no lo saben porque no se lo hemos expresado. El poeta Eugueni Evtuichenko afirmaba en uno de sus poemas: «La ternura puede ser letal si se esconde».

Otro aspecto a educar es enseñarles a diferenciar la emoción de la conducta que la sigue. Por ejemplo, no es lo mismo sentir enfado que actuar agresivamente. Si bien no elegimos lo que sentimos sí que podemos escoger la conducta más adecuada para manifestar o dar salida a la emoción. La ecología emocional nos habla de la importancia del fenómeno del contagio emocional. Veamos este fragmento del libro *La sonrisa de la Gioconda*[53] que lo expresa perfectamente:

> Copiamos reacciones emocionales de nuestros mayores, lo que está bien y lo que no. Lo virtuoso y lo asqueroso

---

53. Luis Racionero, *La sonrisa de la Gioconda*, Planeta.

no lo he decidido yo, lo recibí de niño sin preguntarme mis preferencias. Cuando las he ejercido, a pesar de todo, he sido denunciado por aquello que para mí es belleza y placer. ¿Por qué he de sentir con las emociones de mi padre o pensar con las palabras de mi abuelo si yo puedo inventarme otras y soy vulnerable a otros sentimientos.

También Alice Miller[54] expresa su dolor al darse cuenta de que durante muchos años reprimió lo que sentía debido a la educación recibida por su madre:

> El descubrimiento de que fui una niña maltratada, de que desde el principio de mi vida tuve que amoldarme a las necesidades y a los sentimientos de mi madre sin tener la menor oportunidad de sentir los míos, fue una gran sorpresa para mí.

No obstante, llega un momento en que es preciso cuestionar la influencia ejercida, encontrar nuestras propias palabras, y expresar y actuar de la forma que nos es propia. También Miller fue capaz de conectarse a su sentir en el momento en que tomó conciencia de lo que ocurría. Porque, si bien es cierto que la sociedad nos condiciona, que nuestros padres nos condicionan y que condicionamos a nuestros hijos, no debemos olvidar que llega un momento en la vida en que tenemos que asumir la responsabilidad de nuestros hábitos adquiridos. Porque el hecho de que algo nos condicione no significa que nos determine.

---

54. *El saber proscrito*, Tusquets.

4. Respetar los espacios de intimidad

El verdadero signo de fuerza es permitirse el lujo de ser delicado.

TAO

Somos seres racionales, pero también animales. Como animales somos territoriales y necesitamos espacio y condiciones adecuadas para vivir y crecer. Nosotros determinamos y marcamos los límites de dicho espacio. Permitimos que determinadas personas accedan a nuestra zona íntima mientras que nos incomodamos y penalizamos a los que se aproximan demasiado sin nuestro consentimiento.

El tacto, el contacto, la proximidad y el acceso a determinados espacios físicos o emocionales deben ser gestionados con un gran respeto a las necesidades y deseos del otro. Debemos tomar conciencia de que nuestros hijos tienen derecho a sus propios espacios de intimidad. El hecho de ser sus padres no nos autoriza a invadirlo. Incluso, aunque sean pequeños, debemos respetar y pedir permiso para que también aprendan a hacerlo ellos.

Las invasiones de la intimidad generan mucha agresividad puesto que se activan unos resortes muy primitivos que todos tenemos genéticamente programados. Es importante evitar revolver sus pertenencias, fisgar y preguntar sobre temas que no nos conciernen; no debemos inmiscuirnos en sus relaciones o forzarles a besar y a abrazar si no lo desean. El respeto de la intimidad es una línea de acción preventiva de muchos de los conflictos que se originan por prescindir de estos límites necesarios.

5. Respetar los tempos. Practicar la paciencia

Entre tantos regalos que exigen y reciben los niños quizá les falta el que más falta les haría: el del ejemplo y el aprendizaje de la quietud, la calma y la paciencia.

ANTONIO MUÑOZ MOLINA

Un padre estaba con sus hijos visitando un museo. Los niños se quedaron parados admirando uno de los cuadros. El padre les dijo:

—¡Deprisa, deprisa, que si os paráis a mirar cada cosa no vamos a ver nada!

Este es un breve ejemplo de un tipo de incoherencia que los adultos traspasamos a los niños. Hacemos todo lo posible para no perder tiempo y ahorrarlo y, cuando lo hemos logrado, resulta que lo «matamos» porque no sabemos qué hacer con él.

Los ritmos desbocados, las prisas y la precipitación nos conducen al camino de la violencia. Buena parte de las conductas agresivas y de las faltas de respeto son debidas a no saber adoptar el *tempo* adecuado. Jean-Paul Sartre nos dijo que las prisas y la agresividad iban de la mano. ¿Para qué invertir tiempo en comunicarnos y pactar para conseguir algo si por la fuerza lo obtenemos enseguida?

Proponemos educar a nuestros hijos en el buen uso de la lentitud. Este ritmo que requieren las obras bien hechas, el cuidado por los detalles, la ternura, la compasión, la empatía y el respeto a los ritmos del otro. Para fomentar este valor debemos aplicarlo en nosotros mismos. Esta es una de las bases necesarias para la buena construcción del autocontrol emocional.

6. *Fomentar la motivación interna en lugar de dar refuerzos externos, premios y castigos*

Impúlsame, yo te impulsaré y ascenderemos juntos.

Proverbio Cuáquero

María Montessori estableció que con el viejo principio de la recompensa y el castigo es posible *domesticar* a los niños pero no educarlos. Cuando se utiliza con frecuencia el premio como sistema para conseguir que los hijos hagan algo que es necesario hacer, o el castigo para que dejen de hacerlo, no fomentamos ni su voluntad, ni su esfuerzo, ni su capacidad de asumir compromisos. Domesticamos, pero no educamos y esto es muy peligroso porque los resultados, a medio y a largo plazo, pueden ser desastrosos para nuestros hijos.

Ejemplos de errores en los que podemos caer: premiar o pagar a los hijos por el hecho de haber aprobado el curso, porque ayudan en casa, hacen un encargo, los deberes de la escuela o leen un libro... (haciendo esto les enseñamos a esperar recompensas por lo que forma parte de su responsabilidad, crecimiento, aprendizaje y es necesario para la convivencia).

Hemos sustituido la voluntad por la motivación[55] y esto es un error puesto que debemos aprender que es preciso hacer ciertas cosas aunque no estemos motivados a hacerlas. Uno de nuestros retos más importantes es educar para la convivencia y ser capaces de asumir compromisos. Cuando no lo hacemos, todo se vuelve precario e inseguro.

Para favorecer la motivación interna de nuestros hijos es importante darles a menudo vitaminas emocionales: recono-

---

55. José Antonio Marina, *El misterio de la voluntad perdida*, Anagrama.

cer y valorar lo que hacen bien, darles las gracias y, también, explicarles que el premio más importante que recibirán por su correcta conducta y buenos resultados será la satisfacción del deber cumplido y el respeto por sí mismos.

7. Compartir tiempo de calidad y atención

Porque el tiempo es vida, y la vida se vive en el corazón.

MICHAEL ENDE

Querida Linn:[56]

Había tantas exigencias desde afuera, gente que quería parte del tiempo que deberíamos haber pasado juntas. Has estado sola con lo que soñamos que compartiríamos entre las dos.

Tienes una mamá ocupada, nerviosa, que te abraza con prisas. Que te escucha mientras tamborilea sobre la mesa con sus dedos impacientes. Me he sentido cansada y te he pedido que no seas exigente conmigo porque tenía los nervios de punta. Y te he visto algunas veces apartarte de mí.

He tenido miedo de llamarte para que volvieras. Miedo porque me pesaba mi mala conciencia. Miedo porque el éxito exterior que he alcanzado ha sido a costa de algo que podíamos haber tenido las dos para las dos.

Si bien no podemos alargar ni un minuto más de nuestra vida, sí que podemos hacerla más amplia, más vivida y más cons-

---

56. Liv Ullmann, *Senderos*, Editorial Pomaire.

ciente. El sentimiento de pérdida por aquello que no hemos compartido con nuestros hijos, y el hecho de darnos cuenta de que el tiempo ha pasado sin dar cabida a lo que realmente importa, nos llena de pesadumbre. Es importante hacer una pausa ahora, y reflexionar sobre las consecuencias de dejar vida por vivir y relaciones por cultivar. Más adelante, será muy difícil improvisar una relación de intimidad padres-hijos si no se ha cultivado día a día.

Mi hijo nació hace pocos días. Llegó al mundo sin problemas... pero ¡yo tenía que viajar y tantos compromisos!

Mi hijo aprendió a comer cuando menos lo esperaba, comenzó a andar y a hablar cuando yo no estaba... ¡Qué rápido crecía mi hijo y cómo pasaba el tiempo! Pero yo estaba tan ocupado...

Mi hijo, a medida que crecía, me decía:

—¡Papá, algún día seré como tú! ¿Cuándo regresas a casa, papá? ¿Cuándo jugarás conmigo, papá?

—No lo sé, hijo, pero cuando regrese jugaremos juntos; ya lo verás.

Mi hijo cumplió diez años hace pocos días y me dijo:

—¡Gracias por la pelota, papá! ¿Quieres jugar conmigo?

—Hoy no, hijo. Tengo mucho que hacer.

—Está bien, papá. Otro día será.

Se fue sonriendo, siempre en sus labios las palabras «quiero ser como tú».

Mi hijo regresó de la universidad el otro día. Todo un hombre.

—Hijo, estoy orgulloso de ti, siéntate y hablemos un poco.

—Hoy no, papá. Estoy muy ocupado. Por favor, préstame el coche para visitar a unos amigos.

Ya me jubilé. Mi hijo vive en otro lugar. Hoy lo llamé:

—¡Hola, hijo, quiero verte!

—Me encantaría, papá, pero no tengo tiempo. Tú lo sabes: el trabajo, los niños... Pero gracias por llamar, ¡fue increíble oír tu voz!

Al colgar el teléfono me di cuenta de que mi hijo era como yo.

8. Aceptar los errores como parte necesaria e inevitable del proceso de crecimiento

... Cuando delante de ti se abran tantos caminos y no sepas cuál de ellos elegir, no cojas uno porque sí, siéntate y espera. Respira con la profundidad confiada con que respiraste el día que llegaste al mundo, sin que nada te distrajera; espera y espera aún más. Quédate quieta en silencio y escucha tu corazón. Cuando te hable, entonces levántate y ve donde tu corazón te lleve.

SUSANNA TAMARO

Tenemos opciones. Raramente la vida nos ofrece sólo un único camino. Así pues, podemos decidir y toda decisión va a generar nuevos acontecimientos. Somos los responsables de nuestras elecciones. Cada elección lleva consigo alguna ganancia y alguna pérdida ya que significa dejar de lado otros caminos posibles. No podemos quedarnos con todo y elegir comporta también la posibilidad de equivocarse.

Se cuenta que le preguntaron a Thomas A. Watson cuál era la mejor manera de avanzar y tener éxito. Y él contestó:

—Muy sencillo, doble su tasa de fracasos.

Los niños que durante su infancia no han aprendido a vivir situaciones de frustración serán buenos candidatos a sufrir conflictos psíquicos de adultos,[57] puesto que sólo estarán preparados para enfrentarse a situaciones de éxito y cuando aparezcan los problemas no sabrán solucionarlos. Entonces, se hundirán.

Es preciso diferenciar el error del fracaso. El único fracaso en la vida es no haber intentado cumplir nuestros sueños y no haber luchado para desplegar nuestro mejor potencial. El error, en cambio, es necesario e inevitable y forma parte de nuestro proceso de aprendizaje.

Un mensaje importante que podemos transmitir a nuestros hijos es que de los errores podemos extraer aprendizajes útiles para mejorar nuestra vida. Debemos desdramatizarlos, enseñarles que es preciso evitar atascarse en ellos y aprender a «pasar página».

> Se dice que Thomas Edison consiguió la lámpara incandescente, que tan tenazmente buscaba, después de más de mil experimentos. Perseveró en su empeño hasta que finalmente lo consiguió. Un periodista le preguntó qué había sentido con tantos fracasos, a lo que Edison respondió:
> —No fracasé ni una sola vez. Tan sólo he inventado la bombilla de luz en un proceso de más de mil pasos.

Los errores pueden ser oportunidades para adquirir nuevos aprendizajes válidos para el futuro. La mejor manera de deshacernos de un problema es resolverlo. Es mucho mejor mirar hacia adelante y prepararse para la próxima ocasión que mirar hacia atrás y arrepentirse o culparse. Esto no es una defensa del error ya que equivocarse no es educativo por sí solo. Pero, dado

---

57. Luis Rojas Marcos, (véase bibliografía).

que es inevitable y parte de la vida, es inteligente utilizar el error como material para extraer y desarrollar mejores estrategias para vivir. Se trata de preguntarnos y enseñar a nuestros hijos a preguntarse: ¿qué puedo aprender de este error? La respuesta quizás haga que la experiencia haya valido la pena.[58]

9. Expresar a menudo el agradecimiento por todo lo bueno que hay en nuestra vida

Gracias a la vida que me ha dado tanto.

Violeta Parra

El agradecimiento es una de las mejores vitaminas emocionales ya que promueve el *efecto boomerang positivo*,[59] cultiva el optimismo, la automotivación y favorece las conductas generosas. ¿Cuántas veces sentimos agradecimiento pero no lo expresamos? Al no hacerlo nos perdemos la posibilidad de realizar una acción coherente con nuestro sentir, la oportunidad de mejorar la calidad de nuestra relación con los demás y de generar un efecto positivo en cadena. Cuando damos las gracias es importante concretar el porqué: «Gracias por acompañarme esta tarde», «Gracias por confiar en mí.», «Gracias por tu carta, por tu tiempo, por este abrazo, por tu sonrisa, por estar ahí.»

La persona agradecida es sensible a la vida: valora el simple hecho de estar vivo, de respirar, de tener sus necesidades cubiertas; sabe admirarse de los cambios de color del paisaje, aprecia los aromas, la música y el silencio; goza de la compañía y de

58. Lou Marinoff.
59. Todo lo bueno que lanzamos al medio emocional regresa a nosotros aumentado y mueve a los demás a mejorar como seres humanos.

los momentos de soledad, agradece la posibilidad de aprender y crear... tantas y tantas cosas que están ahí, si aprendemos a verlas.

Este valor es una de las mejores herencias que podemos dejar a nuestros hijos. La persona agradecida observa, acepta la vida con todo su contenido y tiene capacidad para motivarse a sí misma y luchar ante las dificultades. El hecho de expresar agradecimiento a los demás es una vitamina emocional que nos hace crecer como personas y mejora el mundo.

10. Aprender a soltar

> *¿En qué se conoce que el fruto está maduro?*
> *En esto: que abandona la rama.*
>
> ANDRÉ GIDE

El reto es ser capaces de desprendernos y no aferrarnos a los objetos, a las posesiones o a las personas. Tan sólo los gozamos provisionalmente. Todo lo que se «tiene» puede dejar de tenerse, nos lo pueden quitar, puede perderse o desaparecer. Todo lo que somos o ya hemos vivido siempre formará parte de nosotros.

Esta actitud de los padres promueve en los hijos el aprendizaje de los valores de la provisionalidad, del desapego, de la generosidad y del fluir con la vida. En ningún caso es el aprendizaje de la resignación. No es dejar de luchar para obtener lo que queremos. Significa aprender a situarnos en el punto de partida del *principio de realidad*: «Lo que es, es». Y, a partir de dicha realidad, construir nuestros sueños, proyectos e ilusiones sin olvidar que no podemos controlarlo todo, que a veces se hundirán y que, a pesar de esto, podemos levantarlos otra vez y volver a empezar.

Este relato de Anthony de Mello ilustra bien el concepto de provisionalidad:

El discípulo: Vengo a ti con nada en las manos.

El maestro: Entonces, suéltalo enseguida.

El discípulo: Pero ¿cómo voy a soltarlo si es nada?

El maestro: Entonces llévatelo contigo. De «tu nada» puedes hacer una auténtica posesión.

5

UN SISTEMA RELACIONAL ADAPTATIVO

- Los padres no debemos dimitir de nuestra vida por el hecho de tener hijos.

- Para conseguir un ser humano emocionalmente más equilibrado y armónico es preciso educar sincrónicamente cuatro ejes o líneas de desarrollo. El objetivo es conseguir una persona autodependiente, pacífica, creativa y amorosa.

- Lo que enseñamos caduca; lo que vivimos siempre queda en pie. Para que nuestro hijo pueda ser él mismo, tenemos que ser nosotros mismos y obrar en verdad.

- En ningún caso debemos descargar en nuestros hijos nuestras basuras emocionales ni aliviar en ellos nuestra tensión o frustración.

- Nuestros hijos no necesitan padres siempre felices, sino padres honestos.

6

LÍMITES PARA CRECER

—*¿Qué es un niño?*
—*Un explorador.*

DESMOND MORRIS

UNA CARRETERA A OSCURAS

Una carretera a oscuras. Vamos en coche. Es una carretera difícil, con curvas inesperadas, con zonas estrechas, pendientes y cuestas. A veces el asfalto está en malas condiciones, a veces a la oscuridad de la noche se añade una niebla que dificulta la visibilidad. La carretera no está bien señalizada, no han pintado los bordes laterales ni la línea central con pintura blanca fluorescente. No vemos bien dónde acaba. Sufrimos porque nuestra vida peligra. Quizá maldecimos a los responsables del mantenimiento de la carretera por el descuido que tanto nos está complicando el viaje. Es posible que, por la falta de señales adecuadas, tengamos un accidente. Nos sentimos desorientados e inseguros.

El mismo viaje, la misma ruta, el mismo conductor, la misma niebla... pero ahora vemos los límites de la carretera bien claros, la línea blanca fluorescente nos indica la zona segura de conducción. Conducimos con precaución y atención y, a pesar de las dificultades, conseguimos llegar a nuestro destino. Agradecemos que el camino haya estado cuidado, bien señalizado y definido.

En su diálogo con su hijo Francesco, Roberto Cotroneo le habla de los límites y de la importancia de poder orientarse en la vida.

>—Es un mundo donde, entre piratas y hombres de bien, la frontera es tan sutil que puede desaparecer, donde todo puede corromperse, donde la amenaza de un motín aumenta día a día. Cuidado, Francesco, que lo mismo ocurre en la vida real. Lo difícil es correr por una carretera donde no siempre la mediana está pintada.[60]

Para aventurarse a vivir, nuestros hijos necesitan pautas que posteriormente van a rehacer, ampliar o saltar. Pero el punto de partida inicial va a ser imprescindible para dar los pasos siguientes.

ORIENTACIONES NECESARIAS

>*No cesaremos en la exploración, y el final de toda nuestra exploración será la llegada al punto de partida y el conocimiento del lugar por primera vez.*

>T. S. ELIOT

---

60. Roberto Cotroneo, *Si una mañana de verano un niño*, Taurus.

Líneas que definen los límites de la carretera, semáforos y señales... metáforas con las que podemos realizar un paralelismo con nuestro viaje vital. Cuando vamos en coche para ir a un destino, nadie nos obliga a elegir una ruta u otra. Los indicadores nos dan orientaciones y nosotros elegimos los caminos, prestamos atención o ignoramos las señales, seguimos sus pautas o las infringimos. Pero ahí están, delimitando zonas de peligro, avisando de zonas de interés, diciéndonos que toca pararse o ceder el paso: son orientaciones necesarias para protegernos, para no avasallar a los demás viajeros y facilitar la consecución del objetivo que nos hemos propuesto.

Nuestra vida se parece a un viaje por carretera. Conducimos y estamos al mando, decidimos la velocidad, las pausas y la ruta; podemos hacer un buen mantenimiento de nuestros recursos y actualizarlos o ser unos descuidados; podemos ser prudentes o suicidas. En todo caso, será responsabilidad nuestra lidiar con las consecuencias de nuestra conducta.

Educar supone definir límites, señalar pautas, caminos posibles y crear marcos pactados que permitan convivir en armonía. Nadie nace con conciencia de límites. Nuestros hijos los necesitan para crecer y nosotros somos los primeros responsables de proporcionárselos, más que los maestros o la sociedad. La carencia de pautas y normas dificulta la resiliencia.[61] Sin conciencia de límites, sin estas estructuras iniciales necesarias, nuestros hijos correrán peligro, su vida puede salirse del camino e ir a la deriva. *Hacer lo que uno quiere es lo contrario de lo humano. Lo humano consiste en hacer lo que uno quiere pero dentro de lo que uno ha de hacer y cómo lo puede hacer.*[62]

---

61. Resiliencia: capacidad humana para superar traumas y heridas emocionales que se inicia en la infancia y es decisiva para conseguir, más adelante, ser capaz de recuperarse de un trauma (Boris Cyrulnik).
62. Fernando Savater.

La agresividad emana generalmente del temor.
La firmeza emana de la confianza en nosotros mismos.

Mayo de 1968. Se imprimen carteles que dicen PROHIBIDO PROHIBIR. Parece que libertad significa 'todo vale' y que no es necesario marcar pauta alguna en un constante *laissez faire*... Aparece en las casas «su majestad el niño», el miedo a causarle traumas si se le dice «no», o si se le asignan responsabilidades. Y «su majestad el niño» toma el mando. Pero un niño al que no se le han puesto límites crece en el vacío y sin ningún tipo de estructura de base. No puede edificar en la nada algo que merezca la pena. Todo se le hunde.

Los padres tenemos la responsabilidad de definir límites, educar en valores y dar pautas para que, cuando nuestros hijos crezcan, tengan un buen autocontrol emocional a partir del cual puedan construir su aprendizaje. Sólo así, de mayores, serán capaces de revisar las creencias y valores que les hemos dado y rebelarse contra algunas de ellas —si lo consideran necesario—. Esta tarea es pertinente para construir su edificio moral. Nadie puede rebelarse ante un vacío. Desorientados y sin pautas, es posible que busquen sus seguridades afuera. De ser así, serán personas fácilmente manipulables.

LÍMITES, ¿PARA QUÉ?

Hay un canal educativo en la tele. Se llama «apagador».

LILY HENDERSON[63]

---

63. Formulado por una niña de 11 años en *Minutes of the Lead Pencil Club*.

Sócrates decía que un hombre desenfrenado no puede inspirar afecto a otro hombre ni tampoco a un dios, ya que es insociable y cierra la puerta a la amistad. Un niño sin límites, que no sabe frenar a tiempo su ira ni controlar su mal genio, tiene dificultades para *poner en juego aquellas habilidades y valores que le harán «amable»* —fácil de ser amado—. Le será realmente muy difícil crear una red de relaciones de calidad.

La falta de criterios y la permisividad colocan los fundamentos del descontrol y de la violencia. La permisividad es siempre perniciosa y dificulta al niño la construcción de su edificio moral, su sentido ético, su concepto del bien y del mal, y de lo adaptativo y desadaptativo.

Nadie dice que sea fácil poner límites a los hijos. Nadie dice que sea fácil para ellos cumplir las normas y aceptar una cultura basada en el esfuerzo y la disciplina. Pero como dice Zig Ziglar: «si uno hace las cosas que *debe* hacer cuando debe hacerlas, algún día podrá hacer la cosas que *quiere* hacer cuando quiera hacerlas». La fuerza y energía de una voluntad bien canalizada y dirigida a objetivos elegidos de forma inteligente no se puede improvisar. Personas con enormes potenciales creativos no llegan nunca a desarrollarlos por no disponer de una base mínima de autocontrol y no estar dispuestos a hacer lo que deben hacer responsablemente.

Los límites, en lugar de oprimir, liberan. Son marcos de referencia que facilitan nuestra propia construcción y la convivencia con los demás, la exploración, la creatividad y el abordaje positivo de los cambios. Tenemos libertad porque tenemos límites. Para salir de los límites es preciso tenerlos y conocerlos. De hecho, rebelarse consiste en oponerse a un sistema de límites y escoger otro. Nuestros hijos tendrán que *rehacerlos, superarlos o redefinirlos* en un trabajo de maduración personal. El resultado de este trabajo será una persona que podrá gozar de la vida, dar amistad y amor y se sentirá más equilibrada y segura de sí misma.

Función de los límites

La lucha contra la ambigüedad, contra el lado oscuro de la vida, el que no tiene señalización alguna, donde las líneas no están marcadas, es la más dura.

ROBERTO COTRONEO

Los límites son necesarios para *prevenir trastornos de conducta*. Diversos estudios realizados en centros de menores indican que algunos de los rasgos comunes hallados en los adolescentes internos son: la tendencia a transgredir las normas, la falta de respeto a los límites, la falta de atención y la falta de un modelo equilibrado de progenitor. Lo cierto es que los límites *favorecen un modelo de persona más equilibrado y con mayores posibilidades de ser feliz*, una persona capaz de convivir, de inspirar y dar afecto y de mostrarse empática, generosa y solidaria. Porque lo que importa realmente en toda relación humana son los niveles de confianza y de libertad que se establecen. La función de los límites no es provocar traumas a los hijos sino ayudarles a crear una mejor base relacional. Así son necesarios para:

- Definir un espacio de crecimiento donde el niño pueda construirse con seguridad.
- Señalar pautas de conducta que favorezcan una mejor adaptación al entorno humano y ecológico.
- Regular la convivencia diferenciando los espacios propios y los de los demás.
- Facilitar el autocontrol emocional dotando al niño de estrategias para gestionar ecológicamente sus emociones.
- Favorecer la construcción del sentido moral individual fomentando valores como la libertad, el respeto y la responsabilidad.

- Permitir el trabajo de trascenderlos, cambiarlos, poner otros nuevos, revisarlos y recuperarlos si se cree conveniente.
- Prevenir patologías emocionales posteriores.

¿Por qué no se educan los límites?

Andrea Fiorenza afirma que tanta democracia familiar crea disfunciones conductuales. No todo debe ser discutido y consensuado. Los padres, durante una larga etapa del crecimiento del niño, deberán tomar decisiones a veces difíciles que no le van a gustar. Es preciso asumir la impopularidad de determinadas medidas y, aun así, tomarlas. Los hijos pequeños no tienen la madurez ni la experiencia necesarias para valorar la importancia de algunas medidas educativas que los padres deben adoptar. Para ser un buen padre es necesario ser autónomo y valiente. Hay muchos motivos —a veces pretextos— para no poner límites a la conducta de los hijos y algunos de ellos difícilmente serían reconocidos por los padres. Veamos algunos:

- Por falta de tiempo y prisas.
- Por comodidad (para no crearse problemas, vivir más tranquilos, dedicarse a uno mismo, porque es más fácil).
- Por la creencia de que no forma parte de su papel. Ya se ocupa de ello la escuela.
- Por miedo a enfrentarse a sus hijos, a ser considerados malos padres, o a no ser amados por ellos.
- Para no causarles traumas.
- Para no condicionarlos, en un respeto mal entendido.
- Por un falso sentimiento de bondad o generosidad (a veces para compensar sentimientos de culpa).

> *Esos locos bajitos que se incorporan*
> *con los ojos abiertos de par en par*
> *sin respeto al horario y a las costumbres,*
> *y a los que por su bien hay que domesticar.*

JOAN MANUEL SERRAT

La permisividad y la falta de límites es causa de *desorientación* y de *inseguridad* puesto que el niño carece de referentes para orientar su conducta. Al no tener un marco normativo claro, el niño *no construye la conciencia moral* y de lo que es admisible u oportuno. Su *autocontrol es bajo* y puede convertirse en una persona débil con *poca tolerancia a las frustraciones* y graves dificultades para enfrentar los problemas y gestionar la incertidumbre y el caos.

La personalidad del «sin límites» puede tener graves deficiencias. Puede ser lábil o pasivo, frío y poco empático y manifestar conductas violentas para compensar su sentimiento de impotencia y de falta de control interno. Sea como fuere, lo que está claro es que este niño va a tener dificultades para convivir. Ya de adulto, quizá le cueste adaptarse a entornos normativos, seguir órdenes de sus jefes o aceptar la autoridad de otras personas y también tendrá mayores posibilidades de padecer ansiedad o depresión. En algunos casos más extremos, puede desarrollar una personalidad psicopática o sociopática.

Los tres límites esenciales

Acompañar al hijo en su crecimiento es una oportunidad para aprender con él. Esta es una vía de dos direcciones y, de no ser así, algo va mal. Los adultos debemos dar criterios claros, evitando la ambivalencia, y no poner límites para coartar, sino para prevenir y conseguir un bien mayor: aumentar su nivel de libertad y responsabilidad y capacitarlos como personas aptas para la convivencia. Los padres deben tener bien presente que éste es un trabajo difícil que deberá ser abordado en equipo. Aquí no valen órdenes y contraórdenes: uno pone un límite y el otro lo elimina por comodidad, por pena o por sentimiento de culpa. Cuando una de las figuras de referencia desautoriza a la otra, cuando ambos discuten ante el niño, cuando uno obra a escondidas consintiendo lo que el otro prohibió, se destruyen las bases colocadas, se crea una relación ambivalente, manipuladora y deshonesta y se genera mucha confusión en el hijo. Trabajo en equipo, pues. No hay otra buena forma de hacerlo.

Hay tres límites esenciales que será necesario definir bien. A partir de ellos, podremos trazar rutas que favorecerán nuestro crecimiento conjunto:

El límite de la persona (el respeto): «Yo no soy tú ni tú eres yo».

No son admisibles las imposiciones tiránicas, las exigencias desmesuradas, las faltas de respeto ni las conductas violentas. Es importante no ceder ante los chantajes emocionales. Decir «no» cuando creamos que debemos decirlo, aunque momentáneamente seamos penalizados por nuestros hijos.

Existen otras personas en el mundo aparte de ellos. Es importante recordárselo a menudo. Convivir supone aceptar unas normas de convivencia y compartir tanto las alegrías como las dificultades que comporta el «vivir con». La búsqueda de la satisfacción de los deseos es legítima siempre y cuando no suponga traspasar el límite del otro.

Si queremos que nuestros hijos puedan ser amados será necesario transmitirles el valor de la generosidad puesto que las relaciones necesitan de la reciprocidad para crecer. Trabajar la generosidad y el desapego servirá para que sean más empáticos y mejores observadores de las necesidades de los demás, así como para saber ayudarles y acompañarles sin herirles o humillarles. El límite del egoísmo contempla el hecho de que puede producirse una colisión entre nuestros derechos y los de los demás y que será necesario negociar y llegar a pactos: nuestro derecho al descanso y su derecho al ocio; nuestro derecho a la tranquilidad y el suyo a expresarse, cantar o moverse; nuestros respectivos derechos a reclamar y a protestar sin agredir... Los bienes son los que son, los espacios son los que son y las personas somos como somos pero susceptibles de mejorar. Para convivir será necesario ser generosos, solidarios y aprender a compartir.

El límite del rol y del vínculo

Somos padres pero también personas con o sin pareja, profesionales y amigos... tenemos varios roles a desempeñar y más vínculos que cuidar. Nuestros hijos son hijos pero también personas con otros roles y otros vínculos que debemos aprender a distinguir y a respetar.

> Los padres tienen el deber de preparar a los hijos ayudándoles a seguir vidas íntegras. Pero una vez cumplido este deber, no se ha de insistir más en ello. Parte de nuestro deber es dejar de cumplirlo antes que la

autoridad paterna o materna se convierta en una intrusión.[64]

Así como en los primeros años de vida nuestros hijos nos necesitan próximos, tanto física como emocionalmente, forma parte de nuestro proceso, y también del suyo, aprender a alejarnos físicamente y a tomar la distancia adecuada para no invadirles ni ahogarles. Ello no significa despreocupación o desidia. Debemos dejar que progresivamente tomen sus decisiones y asuman sus responsabilidades. Es preciso no fiscalizar su vida ni decirles cómo deben vivirla. Es equivocado creer que —por el hecho de ser sus padres— podemos fisgar, juzgar, invadir o imponer. También lo es pensar que —por el hecho de que son nuestros hijos— debemos aguantarlo todo, darlo todo, sacrificarlo todo y estar constantemente a su disposición.

El límite del rol y del vínculo consiste en enseñar a nuestros hijos que somos más que sus padres —es decir individuos diferentes, con proyectos y necesidades— y que han de saber aceptarlo y respetarlo. Y viceversa.

RUTAS PARA CRECER

> *No todos los caminos son buenos*
> *para hacer camino.*
>
> MIQUEL MARTÍ I POL

Una ruta orienta pero no obliga. Permite que escojas en qué dirección ir. La ruta muestra opciones y avisa de peligros o recursos. Pero nadie obliga al caminante o al automovilista a

---

64. Clarissa Pinkola Estés (véase bibliografía).

escoger uno u otro camino. Incluso puede escoger el camino al precipicio o aquel que lleva a un callejón sin salida.

La ecología emocional propone unas rutas que son buena senda para «hacer camino» con nuestros hijos:

Ruta 1: La diferenciación

> No mires hacia atrás con ira ni hacia adelante con miedo, sino a tu alrededor con atención.
>
> JAMES THURKER

Nuestro camino no es el de nuestros hijos. Ellos deberán encontrar el propio. Nuestra función como padres es ejercer provisionalmente su cuidado, tutela y educación pero, en ningún caso, vivir su vida. También forma parte de nuestra responsabilidad aprender a distinguirles y a diferenciarles. Podemos tener varios hijos, pero es importante aprender a ver a cada uno como un ser individual en constante evolución. No etiquetarlos, no desahuciarlos y no quedarnos con tan sólo una imagen estática de ellos realizada en algún momento del pasado. Porque hoy nuestros hijos son otros y nosotros también hemos cambiado. Pessoa,[65] en el relato que sigue, señala la importancia y la sabiduría que supone mirar al otro en su presente y su actualidad:

> Una flor a la orilla del río era para él una flor amarilla, y no era nada más. Pero, de pronto, pensó:
>
> «Hay una diferencia. Depende de si se considera a la flor amarilla como una de las varias flores amarillas, o como aquella flor amarilla únicamente».

---

65. *Máscaras y paradojas*, Edhasa.

Y luego dijo:

—Lo que ese poeta inglés suyo quería decir es que para semejante hombre esa flor amarilla era una experiencia vulgar, o cosa conocida. Ahora bien, ahí está la equivocación. *Toda cosa que vemos, debemos verla siempre por primera vez, porque realmente es la primera vez que la vemos.* Y entonces cada flor amarilla es una nueva flor amarilla, aunque sea lo que suele llamarse la misma flor de cada día. *La persona ya no es la misma ni la flor tampoco.* Incluso el amarillo no puede ser ya el mismo. Es una pena que la gente no tenga ojos para saberlo, porque entonces seríamos todos felices.

Ruta 2: Del no brota el sí

Ya que se trata de elegir, procura elegir siempre aquellas opciones que permiten luego mayor número de otras opciones posibles, no las que te dejan de cara a la pared. Elige lo que te abre; a los otros, a nuevas experiencias, a diversas alegrías. Evita lo que te encierra y lo que te entierra. Por lo demás, ¡suerte! Y también aquello otro que una voz parecida a la mía te gritó aquel día en tu sueño cuando amenazaba arrastrarte el torbellino: ¡confianza!

FERNANDO SAVATER[66]

¿Por qué no escoger aquello que es verdaderamente importante y decir «NO» a las rutas que nos alejen de nuestros objetivos? Es preciso hallar un equilibrio entre el espacio que se da a los hijos para explorar y para «hacer infracciones», al dedicado a

---

66. *Ética para Amador*, Ariel.

la creatividad y al juego. Hay que señalar de forma clara cuál es el espacio a respetar. Y como no se trata de estar continuamente prohibiendo, debemos reflexionar y elegir con cuidado los aspectos en los que invertiremos nuestra energía, y ser consecuentes en su aplicación.

Sobre el Sí y el No:
- El Sí nunca es ecológico si es beligerante.
- El No, no es ecológico si sólo tiene un fondo represor y punitivo.
- El No es ecológico si sirve para ayudar a interiorizar las normas.
- El Sí y el No bien administrados favorecen el valor de la responsabilidad.

Muchos de los problemas que afloran durante la adolescencia o en la edad adulta se podrían haber evitado si en la etapa infantil los padres hubieran dado los No y los Sí adecuados, justos y coherentes.

Ruta 3: Del rol de padres y su permanencia en el tiempo

> *Adicción es cualquier cosa que reduce la vida mientras que la hace parecer mejor.*
>
> Clarissa Pinkola Estés

LOS PADRES NO SON AMIGOS

Los padres debemos ejercer de padres y no de colegas o amigos de los hijos. Nuestros hijos tendrán la oportunidad de tener muchos amigos durante su vida pero sólo tendrán unos padres.

Así pues, es importante no hacer dejación de funcion.
amigo o colega puede suplir nuestro rol.

La relación entre padres e hijos no debe ser una re.
entre iguales, ni tampoco una relación basada en la jerarq
o el poder. Pretenderlo es generar confusión. Es un camino a
crecimiento compartido en el que los padres, como adultos responsables, vamos a educar a los hijos proporcionándoles modelos de conducta, referentes y valores válidos y, sobre todo, un
entorno amoroso y cálido donde poder crecer. Esta base segura
les permitirá, más adelante, arriesgarse a explorar y a vivir.

Los padres no debemos someternos a los chantajes emocionales que los hijos intentarán en más de una ocasión. *Si no me permites esto es que no me quieres; todos los demás padres lo dan,
lo dejan, lo compran, lo regalan, lo traen o lo llevan...*. Y para
conseguirlo deberemos decir *no*, marcar límites, poner normas
y hacer que las cumplan, aunque esto no les guste. Decirles «sí»
para agradarles o que nos quieran cuando hace falta un «no»
es algo egoísta ya que los usamos para llenar nuestros vacíos
emocionales o untar nuestros egos. La mejor muestra de amor
que podemos darles es asumir su rechazo y desagrado —conscientes de que forma parte de su proceso y que es provisional—,
y ser fuertes para que también ellos puedan serlo. Nuestra tarea
es amarlos bien, educarlos bien y acompañarlos bien para que
ellos sepan amarse, educarse y acompañarse solos.

AUTORITARISMO, DICTADURA O HIPERPROTECCIÓN

El autoritarismo es tan perjudicial como la ausencia de autoridad. Si bien hay algunos límites en las relaciones de convivencia
que deben ser mantenidos, la flexibilidad en la negociación de
lo que sí que es posible es una virtud a mantener.

¿Qué impacto puede tener en los hijos una actitud autorita-
ria o un paternalismo hiperprotector? Sabemos que el autori-

tarismo y la dictadura —las situaciones de abuso de autoridad, de exceso de control, rigidez o injusticia— alimentan la rebelión y suscitan la combatividad promoviendo en muchos casos la rebeldía y conductas de lucha.[67] El paternalismo hiperprotector, en cambio, tiende a inhibir las fuerzas de emancipación ya que liga al hijo con ataduras que éste considera positivas (me cuidan, me protegen, me quieren, me necesitan). Esta visión le puede generar fuertes sentimientos de culpa cuando se despierta su impulso de independencia. Siente que está traicionando a sus progenitores al intentar definirse y reafirmarse. *¿Cómo afrontar sin remordimientos una autoridad tan bienhechora?*[68]

Autoridad, sí

> *Ante toda interacción hay que hacerse una pregunta: en esta interacción, ¿quién tiene la fuerza de obligar al otro? ¿Es una interacción entre iguales o una interacción entre desiguales que no pueden luchar en el mismo nivel?*
>
> Erich Fromm

Autoridad, sí, porque no todo es relativo. Los hijos necesitan puntos de referencia sólidos y marcos que faciliten su estructuración interior, unas pautas iniciales que en el futuro podrán cuestionar, modelar o cambiar. Pero nadie puede rebelarse contra algo que no existe. La falta de referentes es terrible para quien está desarrollando su personalidad y su visión de mundo y, además, es causa de profunda ansiedad.

---

67. Aunque en algunos casos acaban también en sentimientos de desánimo y conductas de sometimiento.

68. Georges Mauco, *Paternalisme*, Psyche, n.° 15.

La autoridad es el fruto de la coherencia personal de los padres y educadores. No se adquiere espontáneamente por el hecho biológico de ser padre o madre; se gana o no. No hay nada tan perjudicial para su adquisición como pedir al hijo algo que uno mismo no hace. La incoherencia del eje: pensamiento-emoción-acción es algo fácil de detectar, incluso para el niño más pequeño. Cada vez que el padre es incoherente pierde autoridad.

PARA QUE APRENDA

Traer una jirafa al mundo no es nada fácil.[69] La jirafa recién nacida cae desde una altura de tres metros desde el seno de su madre y, por lo general, cae sobre sus espaldas. En pocos segundos se da la vuelta y recoge sus patas debajo de su cuerpo. Desde esta posición ve el mundo por primera vez y se quita de los ojos y la nariz los últimos vestigios de los fluidos de su nacimiento. Entonces, la jirafa madre presenta rudamente la realidad de la vida a su retoño.

En su libro *Una vista desde el zoológico*, Gary Richmond describe cómo la jirafa recién nacida aprende su primera lección: la jirafa madre baja su cabeza lo suficiente para echarle una mirada rápida y, entonces, se coloca directamente encima de su cría. Espera aproximadamente un minuto y luego hace la cosa más increíble: balancea su larga pata en forma de péndulo y patea a su bebé haciendo que caiga patas arriba. Si el bebé jirafa no se levanta, este proceso violento se repite una y otra vez. La lucha por levantarse va en aumento. Cuando la cría recién nacida se cansa, la madre vuelve a patearla para

---

69. Relato basado en texto de Craig B. Larson.

estimular sus esfuerzos... Finalmente, la cría se levanta sobre sus patas tambaleantes. Después la jirafa madre vuelve a hacer algo extraordinario. La vuelve a patear. ¿Por qué? Porque quiere que su cría recuerde cómo se levantó.

En la selva, la jirafa recién nacida tiene que levantarse lo más rápido posible para unirse al rebaño donde está segura. A los leones, las hienas, los leopardos y los perros salvajes les gusta comerse a las jirafas pequeñas y las matarían si las madres no enseñaran a sus crías cómo levantarse rápidamente y seguir adelante.

La transferencia de control

El adulto que se percibe a sí mismo como tranquilo, fuerte y con una actividad bien adaptada a la vida, no siente la constante necesidad de estar controlando a su hijo.[70] Exigir y controlar constantemente es propio de padres ansiosos y puede llegar un momento en el que el niño o adolescente al que se ha forzado o presionado excesivamente, «explote» y tome una postura extrema de rechazo. Es su mecanismo de defensa ante el miedo que siente de no poder llegar a «ser él mismo».

El rechazo puede ser una fórmula de reafirmación personal mediante la cual el adolescente intenta defenderse de un exceso de actividad controladora de los padres. Es una estrategia para no ser absorbido o asimilado. Es parecido a decir: «Yo soy yo, no soy tú. No quiero nada de ti, hasta que yo sepa cuáles son mis límites, mis espacios y mis posibilidades».

70. Maud Mannoni, *La oposición de los hijos.*

No significa desinterés. Significa respetar espacios, tiempo, decisiones y opciones. Significa entrenarnos en decir: *Esta no es mi vida, es la de él. Esta es su decisión y su responsabilidad.* Amar a los hijos sin juzgarles, preguntando, escuchándoles realmente con atención, sin entrometernos en sus vidas, permitiendo el ejercicio de su responsabilidad, no impidiéndoles pagar los precios que se derivan de sus acciones... no es nada fácil. No es fácil, pero es posible amarles directamente, por su esencia y no por su utilidad o porque cubran nuestras expectativas.

> ... Todos aman las flores por ser bellas, y yo soy diferente.
>
> Y todos aman los árboles porque son verdes y dan sombra, y yo no.
>
> Yo amo las flores por ser flores, directamente.
>
> Y amo los árboles por ser árboles, sin mi pensamiento.[71]

Os proponemos un camino de respeto posible:

- No aconsejar, no opinar si no nos piden consejo u opinión.
- Saber mantenernos en el margen de sus vidas.
- Aprender a amarlos directamente, sin verlos como medios o proyecciones de nosotros mismos o de nuestro propio proyecto de vida.
- No usarlos como relleno de nuestras deficiencias o complemento para nuestras necesidades.

---

71. Fernando Pessoa, *Máscaras y paradojas*, Edhasa.

Persona viene de máscara o rol. *Per-sonare*:[72] nuestra interpretación define nuestro rol. Todos somos individuos pero no todos nos construimos personas.[73] Y como personas, adoptamos diferentes papeles que representamos de forma más o menos constante y con mayor o menor coherencia. Ser nosotros mismos toda la vida es nuestra responsabilidad, serlo cuando todo está plácido y fácil y también en situaciones de cambio, cuando la vida nos pone a prueba.

Ser padre es un rol a desempeñar y, como tal, no es algo escrito o invariable. Día a día llenamos de contenido este papel o bien se queda convertido en un guión superficial o incompleto. Sea como fuere, este rol debe evolucionar a medida que nuestros hijos crecen y evolucionan.

La tutela sobre nuestros hijos no debe ser algo permanente. No somos toda la vida responsables de ellos, sólo de nosotros mismos. Es necesario cortar el cordón umbilical que nos une sin que esto comporte dejar de vivir. Una vida equilibrada, aparte de nosotros, es la mejor señal de que hemos cumplido con éxito nuestra tarea de educar un hijo autónomo que ya no nos necesita, aunque pueda seguir amándonos.

---

*Fórmula = Respetar su espacio de ser y de crecer
+ fomentar que vivan vidas íntegras + libertad
y responsabilidad + permitirles tomar sus propias
decisiones y cometer sus propios errores.*

---

72. *Per-sonare*: para sonar.
73. Personas socializadas aptas para una convivencia humana. Lograrlo va a requerir todo un proceso de educación.

Llega un momento en el que es importante no seguir insistiendo en la tutela y el control, porque nuestra conducta fuera de tiempo se convierte en una intrusión y genera más y más distancia.

Ruta 4: De la actividad, los ritmos y el reposo

Si siempre mantienes el arco tensado
pronto lo romperás.

FEDRO

EL RESPETO AL «TEMPO» DE CRECIMIENTO

No se puede apresurar una vida. No se puede resolver según un plan, como tanta gente quiere.

BRIAN WEISS

El crecimiento de un árbol[74] de un solo tallo de hierba es tan invisible como el avance del tiempo y, no obstante, ocurre. Nada de lo que nos importa en la vida llega fácil o inmediatamente y, si en algún momento tenemos la impresión de que la vida nos ha hecho un regalo, debemos pensar si, quizás, de alguna forma hemos colaborado con la vida poniendo los medios o adoptando la actitud adecuada. Los procesos de maduración, como los procesos emocionales, requieren un tiempo, siempre distinto para cada ser vivo, y no pueden ser acelerados sin alterar su dinámica.

Os vamos a contar dos anécdotas que ilustran la importancia de ser conscientes de que la naturaleza, y los seres que la

---

74. *Donar temps a la vida*, Edicions Pleniluni (de los autores).

habitan, tienen su propio tiempo de maduración que a veces no coincide con nuestro deseo e impaciencia. Porque la maduración de un ser humano pide una siembra inicial y además una inversión de esfuerzo, cuidado de las condiciones de crecimiento, paciencia y esperanza. Existe un tiempo para crecer y un tiempo para el reposo y el letargo. Es preciso saber observar y dar tiempo al tiempo.

Se cuenta que un hortelano sembró judías. Y se dice que les pidió a sus empleados que atendieran con esmero la huerta. Estos realizaban sus tareas con calma: regaban cuando lo creían preciso, abonaban y esperaban. A veces orientaban la planta que empezaba a crecer y volvían a esperar. El amo empezó a pensar que sus empleados eran unos holgazanes. Consideraba que las judías crecían con una lentitud exasperante.

Un buen día, el hortelano se indignó y no se le ocurrió otra cosa que empezar a tirar de los brotes para hacer que crecieran. Procedió así durante horas, regresando a su hogar extenuado.

—¿Por qué estás tan fatigado, padre? —le preguntó su hijo.

—He estado ayudando a los brotes a crecer —respondió el hortelano.

Al escuchar aquellas palabras, su hijo, conocedor de la impaciencia del padre, temió lo peor. Al amanecer se dirigió a la huerta y, tal y como esperaba, encontró sólo plantas rotas y muertas.

El segundo relato es sobre el bambú japonés:

Algo muy curioso ocurre con el bambú japonés. Parece ser que su cultivo no es apto para personas impacientes. En realidad, no pasa nada con la semilla durante los primeros siete años, hasta el punto de que el cultivador inexperto cree haber comprado semillas infértiles. Sin embargo, durante el séptimo año —en un período de sólo seis semanas— la planta de bambú crece más de treinta metros.

¿Significa esto que tardó tan sólo seis semanas en crecer? No. El hecho es que se tomó siete años y seis semanas para desarrollarse. Durante los primeros siete años de inactividad aparente, el bambú estaba generando un complejo sistema de raíces que le permitirían sostener su crecimiento posterior.

De forma similar ocurre con los niños. Cada uno tiene su propio ritmo de desarrollo que no debe ser constantemente comparado al de los demás. A veces hay características que no se pueden observar a simple vista pero que están sedimentando lentamente en su interior. La paciencia y el respeto son dos valores importantes en la educación de los hijos que nos permitirán mantener activadas la esperanza y la confianza de que las semillas que hemos sembrado se convertirán en plantas fuertes y saludables.

LA INMEDIATEZ

La prisa de vivir nos hace olvidar las razones de la vida.

GABRIEL ALBERT AUGUSTE

Hay niños con una forma de ser compulsiva. Tienden a ⟨...⟩erlo todo de forma inmediata y sin seleccionar. Es pelig⟨...⟩ sin educar esta tendencia, por el impacto que tend⟨...⟩ torregulación emocional, sus relaciones interpers⟨...⟩

en general. Las cosas no siempre llegan cuando uno lo desea. Es indispensable el aprendizaje de la paciencia y de la espera para conseguir un buen equilibrio emocional.

Cuando nuestros hijos exigen algo, podemos definir unos espacios de tiempo durante los cuales les esté permitido quejarse, lloriquear, ser pesados e insistir. Durante este tiempo mantendremos nuestra atención y escucha y —pasado el tiempo pactado— dejaremos de hacerles caso.

Los niños y adolescentes adoptan un papel diferente en función del adulto con el que tratan. Con determinadas personas se controlan y siguen las pautas, con otras tienen una conducta exigente y descontrolada. El motivo es que son capaces de hacer finas discriminaciones respecto a las consecuencias que siguen a su conducta por parte del adulto de referencia.

EDUCAR PARA EL REPOSO

Tuyo es el tiempo.

LEÓN FELIPE

Una agenda de ejecutivos. Niños de tres años con unos horarios llenos de actividades. Un mundo competitivo... todo está programado y previsto. No hacer nada está muy mal visto. Los pequeños dejan de hacer cosas importantes que es bueno hacer: reposar, mirar, contemplar una nube que pasa, fijarse en el cielo, gozar del sol, observar una pequeña flor, mirar caras, fijarse, estar atento al momento... *¡Arriba y abajo, rápido, date prisa que no llegamos, no te pares, no mires, no hables! ¿Por qué no haces algo? No te estés parado como un bobo. ¡Trabaja, produce, muévete!* Movimiento por movimiento. Movimiento-agitación. Movimiento sin dirección, sin objetivo. Planificación. Todo controlado, previsto, pensado. No hay tiempo para dar tiempo al niño. No hay tiempo para hablar con el hijo. ¡Sólo de escribirlo nos hemos cansado!

HAZ UNA PAUSA - OTRA - PAUSA - RESPIRA -
CIERRA LOS OJOS - ESCUCHA - MÚSICA - RELÁ-
JATE - ¡REPOSAAAAAAAA!

Los padres deseamos la mejor vida para nuestros hijos. Queremos darles ventaja para que tengan un futuro con las máximas
garantías, pero debemos tener presente que la sabia combina-
ción entre actividad y descanso es esencial para su bienestar
físico y mental. Y no podemos educar para la pausa y el reposo
necesario si nosotros no paramos, no nos vaciamos, no nos
relajamos y no nos damos tiempo. Para educar, debemos edu-
carnos y recuperar estos espacios tan necesarios para nuestro
equilibrio personal.

DEL ELOGIO DE LA TRANQUILIDAD

Una rana[75] se subió en el lomo de una tortuga y hablaban
mientras paseaban. La rana decía:

—¿Cómo es posible que te tomes la vida con tanta
tranquilidad? ¿Cómo es posible que camines tan despa-
cio?

Y la tortuga le respondió:

—No es el tiempo que tardas lo que cuenta, sino todo
lo que has aprendido al llegar. Tú vas saltando a todas
partes pero... ¿Qué has vivido de todo lo que se ha cruza-
do en tu camino? No estás en ninguna parte, aunque va-
yas a todas. Yo, en cambio, estoy donde estoy y el camino
que recorro nunca más lo olvido ni volveré a caminarlo.

---

75. Cayetano Arroyo, *El lenguaje de la vida*, Sirio.

«Aburrirse ha contado con tanta mala fama que la gente, en general, se precipita a dejar claro que no se aburre nunca o que no tiene tiempo para aburrirse. No obstante, el estado de aburrimiento se rebela propicio para contactar cuerpo a cuerpo con el problema existencial y obtener algunas enseñanzas productivas.»[76] No es lo mismo aburrimiento que abulia. El abúlico está medio muerto por dentro, la persona aburrida está necesitada de estímulos o bien ha tenido tantos que no sabe qué hacer con ellos. No es malo aburrirse un poco porque llega un momento en que se nos despierta el impulso de buscar estímulos y éste es el camino de la automotivación. Si siempre llenamos el tiempo de nuestros hijos con actividades y no toleramos la inacción —que confundimos a menudo con pasividad— no permitiremos que se desarrolle su creatividad y siempre esperarán que venga alguien o algo a entretenerlos.

Nuestro mundo está lleno de sorpresas y misterios que hacen que la vida pueda ser una aventura maravillosa. El secreto está en aprender a «ver las puertas» y atreverse a abrirlas.

—¿Sabes por qué las personas se aburren? —le había preguntado el abuelo de sopetón.

—No.

—Porque no ven las puertas.

—¿Qué puertas?

—Las que están escondidas por doquier.

—¿Por doquier?, ¿dónde?

—En el aire, en torno a nosotros, en las casas, en los paisajes, en las estaciones de autobús y en la panza

---

76. Vicente Verdú, *La revolución del tedio*, (*El País*, 05-09-03).

de las personas. Si sabes abrir las puertas, nunca estarás triste.[77]

Ruta 5: De los medios y los fines

El mundo posmoderno se encuentra saturado de medios pero desertizado de fines.

LARS SVENDSEN

EDUCAR EN LA AUSTERIDAD Y LA SOBRIEDAD

La ecología emocional afirma que sólo somos depositarios o usufructuarios de los medios y bienes de que disponemos, tanto en lo que se refiere a recursos básicos —como el aire, el agua, los alimentos, la energía— como a los afectos, el tiempo de los demás, su dedicación y su paciencia.

La sobriedad y la austeridad son valores importantes en la comunicación —utilizando la palabra precisa y adecuada en lugar de aquella que contamina, menosprecia o violenta—; en las demandas que hacemos a los que nos atienden, ayudan o trabajan para nosotros, y para el buen uso de los recursos de que disponemos. En ocasiones confundimos sobriedad y austeridad con tacañería. Pero ser sobrio no significa ser escaso ni poco generoso. Se trata de hallar la medida justa, aquel punto de equilibrio que nos permita mantener —incluso en un entorno de abundancia, lujo y dispendio— conductas coherentes, solidarias y éticas.

Educar en la austeridad es necesario para gestionar las energías emocionales de forma más sostenible, limpia y ecológica.

---

77. Susanna Tamaro, *Tobías y el ángel*, Mondadori.

Es enseñar, mediante el ejemplo, a no despilfarrar recursos de ningún tipo, dando el mensaje de que nadie es su propietario y que tan sólo tenemos su usufructo. De igual forma, en el terreno emocional, la austeridad será la consecuencia del ejercicio de la responsabilidad en la conducta que adoptamos ante las demandas emocionales que hacemos y que nos hacen los demás. El equilibrio es la regla de oro.

Sobre necesidades y deseos

«La lógica del deseo es la lógica de la ilusión», dijo Sigmund Freud.

> Se cuenta que, en una ocasión, Sócrates paseaba por el mercado principal de la ciudad de Atenas. Y, al verlo, uno de sus discípulos le dijo:
>
> —Maestro, hemos aprendido contigo que todo sabio lleva una vida simple y austera. Pero tú no tienes ni siquiera un par de zapatos.
>
> —Correcto —respondió Sócrates.
>
> El discípulo continuó:
>
> —Sin embargo, todos los días te vemos en el mercado principal, admirando las mercancías. ¿Podríamos juntar algún dinero para que puedas comprarte algo?
>
> —¡Ah, no!, tengo todo lo que deseo —dijo Sócrates—, pero me encanta ir al mercado. Me admira ver cuántas cosas no necesito.

Y es que no es más feliz el que tiene muchas cosas, sino el que ᵐⁿos cosas desea. Deseo no es necesidad. No todo lo que de᷿ es necesario ni nos conviene, aunque sería bueno apren᷿r y a apreciar lo que necesitamos y nos conviene.

Generoso es el árbol que, año tras año, nos regala los frutos puntualmente. Generosas las flores que se desparraman por campos, caminos y lugares escondidos para llenarlos de color. Generoso el niño que, en el primer encuentro, confía en nosotros para jugar a cualquier cosa. Y generosa la vida, a pesar de todo, que nos da la oportunidad de saber dar y recibir, de poder confiar, de aprender, de decir adiós, de decir hola, de llorar y reír y, un día como hoy, compartir con todos vosotros estas palabras.

Con estas palabras de Carme Senserrich[78] queremos poner en evidencia una mirada agradecida a la vida y a las pequeñas y milagrosas cosas que día a día nos regala si lo sabemos ver. Si queremos transmitir a nuestros hijos estos dos valores es esencial que aprendamos nosotros mismos a mirar con agradecimiento y a practicar, como consecuencia, la generosidad.

> Había un hombre muy rico y un hombre muy pobre. Cada uno tenía un hijo. Un día el rico subió a su hijo a una montaña:
> —Mira —le dijo—. Todo eso de ahí abajo, un día será tuyo.
> Otro día subió el pobre y le dijo a su hijo:
> —Mira.

---

78. Psicopedagoga, miembro del patronato y equipo de formadores de la Fundació ÀMBIT.

Ruta 6: *La limitación de los instintos para educar el autocontrol*

> *La persona no es esclava de su destino sino de su conducta.*
>
> Anónimo

Ahora, NO: el aplazamiento de las recompensas

El individuo se guía por sus impulsos, pero la persona sabe tomar sus impulsos, dominarlos y sujetarlos a las reglas universales de la ética. No debemos dar todo a nuestros hijos, aunque sea posible hacerlo. Educarles para que sepan aplazar las satisfacciones y recompensas les puede ayudar a ser personas más pacientes y con mejor autocontrol. Nuestros hijos necesitan tener capacidad de espera y tolerancia a la frustración ya que, en caso contrario, tendrán problemas de adaptación a la convivencia.

Dado que es inevitable que tengan frustraciones, ¿por qué no los vacunamos y educamos para la *frustración inevitable*? La finalidad es que generen «anticuerpos defensivos» que les permitan gestionar las futuras situaciones de crisis y caos emocional sin enfermar o recurrir a conductas violentas. ¿Cómo hacerlo? —«*Ahora no, más tarde*», «*Aguántate*»—, son frases aconsejables a utilizar. Un ejemplo: Un niño le dice a su madre al salir de la escuela que quiere que le compre un caramelo. La madre le dice:

> —Ahora mismo no. Vamos a hacer unos encargos primero, te lo compraré luego y después de cenar podrás comértelo.

Aprendizaje: esperar, aplazar el deseo, tener paciencia, cumplir pactos y seguir pautas de conducta.

Pero a veces ocurre que los padres dicen esto y acaban cediendo a las exigencias del hijo por comodidad o para evitar que éste haga un espectáculo en público: gritar, lamentarse, llorar, protestar, ser pesado.

Aprendizaje: facilidad, inmediatez, egocentrismo, conducta impositiva, chantaje emocional. *(Si protesto lo suficiente, si soy pesado, si soy agresivo conseguiré lo que quiero.)*

EXPERIMENTO DE LOS NIÑOS Y LOS BOMBONES:

Se planteó a un grupo de niños pequeños la siguiente decisión: los dejarían solos en una sala con una bandeja que contenía un bombón para cada uno. El adulto saldría durante una hora de la habitación. Ellos podían comer, si así lo deseaban, el bombón que les correspondía pero, si no se lo comían, cuando volviera el adulto podrían comer dos bombones en lugar de uno. Algunos niños comieron inmediatamente su bombón cuando el adulto dejó la sala. Otros, en cambio, utilizaron diversas estrategias para no ceder a su deseo. Jugaron, intentaron distraerse, se aguantaron. Al final, consiguieron dos bombones.

Años después, cuando se hizo el seguimiento de la evolución de los niños, se comprobó que los que aplazaron su impulso y supieron contenerse y esperar habían tenido más éxito en el logro de sus objetivos que aquellos que no se contuvieron.

Aprender a diferir las recompensas inmediatas a favor de un bien mayor a medio o a largo plazo es importante. Es mejor prevenir y educar la frustración haciendo entender a nuestros hijos que deben ajustar sus expectativas a la realidad. Como bien decía Séneca, no debemos agravar la tozudez del mundo con nuestras propias reacciones.

Son antídotos contra las conductas violentas estos valores y competencias emocionales: la paciencia, el aplazamiento del deseo, la espera, la capacidad de renunciar por un bien mayor, la canalización positiva de la ira, la asertividad, las estrategias de negociación, de pacto, y la formulación de planes alternativos. También lo son: enseñar a esperar lo inesperado, el pensamiento flexible y la capacidad de adaptación positiva ante los cambios.

Ruta 7: Aprender a perder

La vida es bella, tú verás
cómo a pesar de los pesares
tendrás amor, tendrás amigos.

J. A. GOYTISOLO

OJALÁ NUESTROS HIJOS TENGAN UNA DIFICULTAD DIARIA

Perpetuamente, victoria y fracaso son como hermano y
hermana.

EUGUENI EVTUICHENKO

Ninguna vida puede ser vivida sin conocer el regusto de la pérdida. No podemos proteger a nuestros hijos de probarla. El aprendizaje de la pérdida es una ruta necesaria para ellos. Es preciso no esconderles la parte difícil de la vida: los problemas, las desilusiones, la enfermedad, la guerra, la muerte. Sería un engaño de enormes consecuencias que sólo les debilitaría: *lindo nene en un mundo lindo.*

Es un error pretender que estén siempre contentos y que vivan sin problemas. Deseamos que su vida sea llana, sin obstáculos que salvar, y los protegemos de las situaciones duras escondiéndoles información para que no se traumaticen. Quizá los engañamos, los sustituimos, hacemos su trabajo y cargamos con sus fallos. Pero ¿qué ocurrirá cuando su entorno no sea el óptimo?, ¿cómo afrontarán las dificultades y las pérdidas cuando abandonen el «nido» protector que les hemos proporcionado?

¡Ojalá nuestros hijos tengan una dificultad diaria! Para que se vacunen contra la frustración, para que aprendan a buscar solución a los conflictos, para que se equivoquen y, en definitiva, para que aprendan de sus errores.

MOSTRARLES LA PARTE DIFÍCIL DE LA VIDA

No debemos censurarles ni el dolor, ni la enfermedad, ni la muerte. Sería hacerles trampa. Si preguntan sobre alguno de estos temas significa que tienen la edad para responderles. Eso sí, es importante darles la dosis adecuada de información, en un lenguaje que entiendan y ajustado a sus conocimientos previos. Ceñirse sólo a la pregunta. Si a raíz de nuestra respuesta vuelven a preguntar, responder de nuevo. Si se quedan tranquilos, detener el flujo de información hasta que aparezcan nuevas dudas o el deseo de aprender.

Las personas que han sido compadecidas y sobreprotegidas de niños, se convierten en adultos vulnerables y sin fuerzas para enfrentar las tempestades de la vida. ¿Queremos hijos débiles y dependientes o hijos con recursos personales capaces de crecer en situaciones de crisis? Es importante responder a esta pregunta y obrar en consecuencia. Viktor Frankl decía que si bien no siempre podemos escoger lo que nos toca vivir, siempre podemos elegir nuestra actitud ante lo que sucede. ¿Por qué no hacer la elección emocionalmente más ecológica? Se trata de promover cambios preventivos en lugar a esperar a tener que hacer cambios catastróficos.

SOBRE LA SEGURIDAD, LA CERTIDUMBRE
Y LA PROTECCIÓN

Vivimos en un mundo caótico, confuso y con un clima emocional bastante contaminado. A medida que aumenta la incertidumbre y el caos, tendemos a buscar más y mayores seguridades: surgen así formas de pensar extremistas y rígidas (religiones, fanatismos y sectas), nuevas adicciones, una mayor tendencia a aferrarnos a personas, a objetos y posesiones; intentamos asegurarlo todo, a minimizar el riesgo en la toma de decisiones.

La *seguridad* es un término que hace referencia a conservar la integridad corporal física o psicológica; la *certidumbre*, a mantener una perspectiva de vida estable, no perder el trabajo, el estatus social, la calidad de vida; la *protección* promoverá conductas dirigidas a conseguir todo lo anterior y que se basan en normas o en la ley y el orden.

Podemos llegar a sacrificar buena parte de nuestras libertades a fin de obtener una mayor seguridad y certidumbre en nuestras vidas. No obstante, el precio de apostar por la certidumbre y la seguridad ante todo —en una sociedad como la nuestra donde la incertidumbre y el cambio dominan— puede ser sentirse ahogado, aprisionado y coaccionado. En determinado momento podemos acabar cediendo la dirección de nuestra vida a otras personas o instituciones a fin de sentirnos protegidos. En estos entornos tan controlados nuestra creatividad disminuye y se reducen nuestros deseos de explorar.

También en nuestra vida personal y afectiva podemos tener como prioridad la seguridad ante todo. Por este motivo, hay quien evita vincularse o amar a fin de evitar la experiencia de la pérdida. La búsqueda de seguridad también explica la tendencia a buscar líderes, gurús y maestros que den respuesta a los grandes interrogantes de nuestra vida. Esto entraña un gran peligro.

Los padres no tenemos que buscar un nivel de riesgo cero para nuestros hijos. Educar consiste en ir transfiriendo el control del medio interno y externo de forma progresiva y facilitar el paso de un medio seguro a otro menos controlado. Así, primero el niño y más adelante el adolescente, se enfrentarán a la incertidumbre y sus consecuencias, y esto les permitirá adquirir una mayor competencia en la toma de decisiones y aumentar su autonomía personal.

La mejor prevención para evitar que nuestros hijos sean seres fácilmente manipulables y puedan caer en la órbita de las sectas o del fanatismo es favorecer su autonomía e independencia de criterio para que sean capaces de liderar su propia vida y buscar por sí mismos su sentido y sus respuestas.

SOBRE LA OBEDIENCIA, LA DESOBEDIENCIA Y LA SUMISIÓN

> *Si un hombre sólo puede obedecer y no desobedecer es un esclavo. Si un hombre sólo puede desobedecer y no obedecer es un rebelde y actúa por cólera, despecho o resentimiento, pero no por convicción o principio.*
>
> ERICH FROMM

La capacidad de desobediencia constituyó —según Fromm— el inicio de la historia humana: «El hombre que vive en el jardín del Edén, en completa armonía con la naturaleza pero sin conciencia de sí mismo, comienza su historia con el primer acto de libertad: desobedeciendo una orden».[79] Asimismo, podría ser que fuera la obediencia ciega y acrítica lo que acabe pro-

---

79. Erich Fromm.

vocando el final de la humanidad. La libertad y la capacidad de desobediencia son, pues, inseparables. Una persona incapaz de desobedecer una orden, que se limite a seguir las pautas y órdenes marcadas, sin aplicar su propio criterio y valores, es un ser desprovisto de libertad, pasivo y peligroso.

Zygmunt Bauman afirma en este sentido:

> Quien obedece normas dictadas no es un ser moral, es un conformista. Un ser moral es aquel que actúa así porque así lo ha decidido y asume la responsabilidad plena de sus actos y sus consecuencias, no quien actúa porque le han dicho que lo tiene que hacer.[80]

El hecho de que un hijo no manifieste ninguna reivindicación de independencia no debería ser motivo de alegría para los padres sino de preocupación, porque significa que su necesidad de seguridad y de protección domina a la tendencia de explorar.

La obediencia y la aceptación, sin el ejercicio de la capacidad crítica, puede dar lugar a un estilo pasivo de relación con el mundo y también una personalidad poco responsable y con bajos niveles de control interno. Es la excusa perfecta: si hacemos lo que nos mandan y no va bien, será la culpa del que lo ha mandado y no la nuestra. Acaba siendo más fácil y más cómodo obedecer.

Obediencia sin capacidad crítica = seres manipulables

Los padres debemos considerar la desobediencia como una parte del entrenamiento en la libertad que hacen los hijos. Para

---

80. Autor de *Modernidad líquida*, Paidós.

desobedecer es necesario que, previamente, hayan existido normas o límites. Infringirlos siempre tiene un precio. No hacerlo, también. Hallar el punto de equilibrio entre obediencia y desobediencia forma parte de nuestra libertad y responsabilidad.

LÍMITES PARA CRECER

- Educar supone definir límites, señalar pautas, caminos posibles y crear marcos pactados que permitan convivir en armonía.

- La permisividad es siempre perniciosa y dificulta al niño la construcción de su edificio moral, su sentido ético, su concepto del bien y del mal, y de lo adaptativo y desadaptativo.

- Rebelarse consiste en oponerse a un sistema de límites y escoger otro.

- El límite del rol y del vínculo consiste en enseñar a nuestros hijos que somos más que sus padres —es decir individuos diferentes, con proyectos y necesidades— y que han de saber aceptarlo y respetarlo. Y viceversa.

- La incoherencia del eje «pensamiento-emoción-acción» es algo fácil de detectar, incluso para el niño más pequeño. Cada vez que el padre es incoherente pierde autoridad.

EL PODER DE LA COMUNICACIÓN

*Nacemos sin saber hablar
y morimos sin haber sabido decir.*

FERNANDO PESSOA

EL PODER DE LAS PALABRAS

Cambiar y mejorar son dos cosas distintas.

PROVERBIO ALEMÁN

Miquel Martí i Pol nos dice en uno de sus poemas que «lo que está claro en las palabras, está claro en la vida». Las palabras son importantes y poderosas porque pueden ser fuente de crecimiento y consuelo, o de sufrimiento y bloqueo. Por este motivo, debemos utilizarlas bien y no hablar por hablar y sin pensar. Se trata de que lo que digamos tenga su raíz en el silencio, en el pensamiento reflexivo y en el corazón. Solo así la comunicación cumplirá su finalidad: abrir puertas y ventanas a la experiencia y a la vida. Sólo así podremos conocernos a nosotros mismos y reconocer a los demás. No es fácil comunicarnos bien, con claridad y sencillez. Infravaloramos el poder de las palabras, en ocasiones nos faltan y, otras veces, hablamos de forma poco precisa, improvisamos y nos dejamos llevar por el impulso del momento. Maria de la Pau Janer expresa claramente esta dificultad:

esto de las palabras no debe ser tan sencillo como me hicieron creer. Hay gente que habla demasiado y no escucha nunca. Hay otros que no se atreven a abrir la boca. Quizá porque no tienen nada que decir. Algunos querrían hablar pero no pueden. Se lo impiden ciertos prejuicios o el miedo. También están aquellos que hablan y dicen palabras innecesarias, inútiles o inconvenientes. Palabras que provocan dolor porque las palabras pueden ser armas (…) Hay palabras que no deberían haberse pronunciado. Palabras que nos recuerdan que, aún, vivimos la intransigencia, palabras oscuras que sirven para crear sorpresa y confusión.

¿SEMILLAS O BALAS?

Un lenguaje consciente es un lenguaje responsable.

SERGIO SINAY

¿Con qué tipo de palabras queremos comunicarnos con nuestros hijos? ¿*Palabras-dardos* o *palabras-semillas*? Cuando utilizamos las *palabras-dardos* las disparamos de forma agresiva, golpeamos a su mente con ellas, matamos su inspiración y neutralizamos su motivación. Cuando nos valemos de las *palabras-semillas*, plantamos las ideas en sus corazones y, entonces, estas ideas pueden echar raíces, crecer y convertirse en realidades en la vida de la persona donde han sido sembradas.

LA CONSTRUCCIÓN DEL AUTOCONCEPTO

La mayoría de las veces lo que creemos es lo que creamos.

ECOLOGÍA EMOCIONAL

Las creencias acerca de quiénes y cómo somos parten, en primer lugar, de los *mensajes recibidos sobre nosotros mismos* de los padres, familiares, educadores y amigos; en segundo término, de las *experiencias y vivencias* que hemos tenido y de los resultados obtenidos y, en tercer lugar, de la *comparación con los modelos* y patrones de conducta que encontramos a nuestro alrededor.

Así construimos nuestro autoconcepto. Según las piezas que coloquemos, este «edificio» estará mejor o peor asentado. Nuestra autoestima tiene su sede en el conocimiento de los materiales que nos conforman y en el valor que nosotros les damos.[81] No puede amarse nada que se desconozca ni algo que se infravalora.

LA MIRADA DE LOS ADULTOS

Primero descubre quién quieres ser;
luego, haz lo que debas hacer.

Jean-Paul Sartre en *Les mots* describe muy claramente la vivencia del niño que vive con adultos que intentan compensar sus deficiencias controlando y dirigiendo su vida a l̶ ̶̶z que

---

81. Autoconocimiento: primera competencia emoci
de las demás.

ignoran su individualidad y diferencia. Veamos el fragmento siguiente:

> Mi vida, mi carácter y mi nombre estaban en manos de los adultos. Yo había aprendido a verme con sus ojos; yo era un niño, ese monstruo que ellos fabrican con sus pesares. Nunca estaba a salvo de las miradas ajenas, lo que me obligaba a componer el gesto de continuo, para adelantarme a sus deseos.
>
> Yo era aquel despliegue de virtud que les colmaba. Pero cuando estaba a solas, privado de ese andamiaje, no sabía lo que debía sentir, ni cuáles eran mis preferencias. Hasta tal punto me había identificado con el afán de gustar a los demás, que no acertaba a averiguar lo que me gustaba a mí mismo. Lejos de experimentar mis emociones, mis afectos y preferencias, me veía obligado a crearlos, a empujarlos y darles vida. Yo no era nada; sólo una transparencia imborrable.

Un ser transparente: privado del andamiaje, de la estructura derivada de la mirada de un adulto que diseña, que elige, que manda, y responde en su lugar, el niño no aprende a conocerse, no sabe qué siente, ni si desea o qué desea... deja de verse como un ser individual para convertirse en un ser transparente que se acomoda al medio en el que se halla. De forma similar a un camaleón, rehúye el conflicto, se diluye y desaparece.

Sartre explica muy bien el impacto que pueden tener las miradas, deseos e imposiciones de padres y adultos en la construcción del autoconcepto y la autoestima de un niño. La falta de amor puede empujar a un niño necesitado de afecto a querer cubrir y satisfacer todos los deseos y demandas de quienes le rodean, aunque sea a costa de desdibujarse y dibujarse tantas veces, y de formas tan diferentes, que al final ya no sepa quién es, qué siente, qué necesita, qué prefiere y qué quiere.

Si bien es difícil no transmitir expectativas a los hijos,[82] sí que debemos ser conscientes de la importancia de amarles bien. Sólo el buen amor les proporcionará la base necesaria para que, entre tantas demandas y cambios, no pierdan de vista lo que es esencial en ellos. Sólo así no se van a perder a sí mismos.

LAS CREENCIAS: VISIONES CONDICIONAN CONDUCTAS

> *Una taza sólo es útil si está vacía. Una mente repleta de creencias, de dogmas, de afirmaciones y de citas, en realidad no es una mente creativa y sólo sabe repetir.*
>
> KRISHNAMURTI

Una creencia es una idea, visión o pensamiento grabado en nuestra mente en determinado momento, fruto de nuestras experiencias y de los mensajes y juicios recibidos de los demás. No siempre es el resultado de un proceso de reflexión, ni tampoco el fruto de un aprendizaje adaptativo. Las creencias, creadas en algún momento del pasado, no se actualizan en función del presente ni de la persona que ahora somos. Suelen ser rígidas, rutinarias y funcionan de forma automática como filtros que sólo dejan pasar la información que sirve para confirmarlas y perpetuarlas.

Una mente repleta de creencias no tiene espacio para nuevos aprendizajes y va a condicionar nuestras conductas y distorsio-

---

82. La transmisión no verbal es inevitable aunque pueda ser trabajada.

nar nuestro mapa de la realidad. El hecho es que tendemos a aferrarnos a las fórmulas y a las generalizaciones. Krishnamurti afirma que la gente no quiere verdades, sino creencias. Quizá se explica porque, de alguna forma, suponen un ahorro de energía. Valoramos a alguien, le ponemos una etiqueta y nos quedamos tan tranquilos. A veces pasan años sin que revisemos las creencias que tenemos sobre nosotros mismos y los demás, sin darnos cuenta de que es injusto funcionar de tal manera. Así, por comodidad, para sentirnos más seguros y vencer los miedos, o por pura conveniencia permitimos que las creencias pasadas decidan nuestra vida presente.

El apego a las fórmulas y conceptos cerrados es universal y esto es inevitable porque hemos recibido una educación más centrada en el *qué pensar* que en el *cómo pensar*. Según Krishnamurti, la verdad reside en la capacidad para enfrentar todas las cosas de forma nueva, de instante en instante, sin la reacción condicionada del pasado. Ello no significa que no debamos recurrir a las experiencias previas pero sí que es necesario revisar los aprendizajes extraídos de ellas y actualizarlos al momento presente. Todo cambia y evoluciona.

Nuestras creencias son poderosas puesto que a partir de ellas construimos nuestra realidad. Si *creemos* que nuestro hijo es vago, sólo nos fijaremos en las conductas que confirmen esta creencia y las reforzaremos actuando en consecuencia; lo mismo ocurre si pensamos que es egoísta o patoso. Si pensamos que es el más listo, el más guapo, el más rápido, también nos centraremos en estas características y pasaremos por alto las informaciones sobre otros aspectos que debería mejorar. Es importante liberarnos de las creencias sobre nuestros hijos puesto que sólo muestran una parte de lo que son y de su forma de actuar. Colgar una etiqueta a alguien es muy fácil pero es muy poco educativo.

Se cuenta que a la salida del circo un niño le preguntó al domador del elefante:

—¿Por qué un elefante tan grande está sujeto con una estaca tan pequeña si con la fuerza que tiene podría desatarse con facilidad?

—Es muy fácil —le explicó el domador—. Cuando son muy pequeñitos les sujetamos con esta misma estaca. Entonces ellos no tienen mucha fuerza pero se resisten e intentan escapar. Pero la estaca aguanta y ellos no pueden huir de ninguna manera. Al final, llega un momento en que ya dejan de intentarlo. Entonces, están domesticados.

Las creencias son estacas que nos aprisionan. Se contagian de padres a hijos y son peligrosas e injustas. Es muy difícil relacionarnos con nuestros hijos vacíos de creencias pero, por lo menos, sería bueno acercarnos a ellos con la disposición de centrarnos en su presente y abiertos de corazón y de mente. Las creencias sólo se actualizan o cesan cuando hay amor. El amor no es memoria sino presente. Cuando convertimos el amor en «amar» —acción— esta acción es liberadora porque ya no es tan sólo el resultado de un proceso mental.

SENTENCIAS CATASTRÓFICAS

Nada es más peligroso que una idea, cuando ésa es la única que se tiene.

EMILE CHARTIER

La profecía que se cumple a sí misma. Los padres, como jueces, emiten sentencias que se repiten una y otra vez. Mensajes de desastre, de incompetencia, de fracaso, de enfermedad, juicios de valores... Como proyectiles, las palabras penetran en la mente, hacen mella en la memoria emocional y sedimentan, poco a poco, hasta consolidarse. A partir de estos cimientos inestables y desequilibrantes el niño empieza a construir su autoestima. No va a ser fácil con materiales como éstos:

> Eres un desastre, todo lo haces mal, no sirves para nada, no serás nada en la vida, eres un inútil, eres un egoísta, no lo vas a conseguir nunca, nadie te querrá, eres malo, estás loco...

Este equipaje es demasiado pesado y dificulta el camino haciéndolo más duro de andar. Con estos condicionantes el niño se comporta de una forma consecuente a lo que cree. Por lo tanto: *si todo lo hago mal... para qué intentarlo; si no sirvo para nada... mejor paso de todo; si ya me han colgado la etiqueta de inútil... para qué decepcionarlos...* y así, las palabras-dardo perseveran en el tiempo, incluso cuando ya no viven las personas que las pronunciaron. A partir de ahí, será muy difícil que el niño pueda confiar en sí mismo y en sus posibilidades. Es posible que asuma un rol pasivo o de víctima y que acepte como normal las agresiones de cualquiera. También puede ser que acumule mucha ira, rabia y resentimiento que, en algún momento, explotarán contaminando y dañando todo lo que encuentren.

NEUTRALIZAR LA CONTAMINACIÓN EMOCIONAL POR LA PALABRA

> En la NASA, Estados Unidos, hay un póster muy lindo de una abeja en el que hay escrito lo siguiente:

«Aerodinámicamente el cuerpo de una abeja no está hecho para volar, lo bueno es que la abeja no lo sabe».

Palabra - creencia - actitud - conducta - resultado

Creencias distorsionadas, autoconcepto distorsionado y baja autoestima... La palabra agresiva, injusta, imprecisa y prepotente es un gran contaminante emocional. Sus efectos en la persona que la recibe son altamente tóxicos y genera nueva agresividad que se propaga en forma de conductas violentas y destructivas. La fuerza destructiva puede ir dirigida contra uno mismo o bien derivarse y amplificarse afectando a todo nuestro entorno. Porque a partir de las *palabras* se generan *creencias* y, cuando éstas se consolidan, mueven o paralizan determinadas *conductas*. Y, en función de nuestras conductas, se producirán unas consecuencias beneficiosas o totalmente destructivas para nosotros.

Para neutralizar los efectos negativos de algunos de estos mensajes debemos, en primer lugar, tomar conciencia de cuáles son los que dirigimos más a menudo a nuestros hijos. Una vez detectados, podemos transformarlos y positivizarlos a fin de que la energía emocional que generen la puedan dirigir a su mejora personal. Veamos algunos de ellos, agrupados por temas:

1. No preguntes - no hables - no te intereses
- Eres demasiado joven para entenderlo
- Preguntas demasiado
- Pides demasiado
- No sabes de qué estás hablando
- No tienes ni idea
- No hables si no te preguntan

- ¡No me respondas!
- Es demasiado complicado para ti

EFECTOS:
Si se integran, favorecen la adopción de actitudes y conductas pasivas. Dan el mensaje de que lo correcto es no hacer preguntas, no hablar ni intervenir a no ser que te lo manden. Promueven un estilo pasivo de enfrentamiento a los problemas, un bajo nivel de iniciativa, de motivación y también conductas de pasotismo. El niño crece escondiendo su pensar, su sentir y no atreviéndose a hacer. Disminuye su aprendizaje.

Transformación positiva:
- Es interesante que me hagas esta pregunta
- No sé la respuesta pero podemos investigarlo juntos
- No comparto lo que me dices pero te agradezco que lo expreses
- Es importante que des argumentos cuando afirmas algo
- Encontrar respuesta a una pregunta puede ser muy satisfactorio
- Me interesa saber qué opinas
- Es difícil, pero voy a intentar explicártelo.

Estos mensajes fomentan la curiosidad, la expresión de ideas y de emociones, contemplan la posibilidad de mejorar la conducta y, en general, son muy respetuosas con la persona. Además nos permiten compartir algo con nuestros hijos.

2. Estás en deuda con nosotros: chantajes emocionales
- ¡Tanto que me he sacrificado por ti!
- Me has decepcionado mucho
- Esperaba mucho más de ti
- Me has fallado

- Por tu culpa me siento enferma
- ¿Así es como me lo pagas?
- Me has tenido muy preocupada. Por tu culpa he pasado la noche sin dormir.
- Lo he dejado todo por ti y mira ahora cómo me abandonas

Efectos:

Estos mensajes intentan generar un sentimiento de culpa en quien los recibe. Informan de que la relación que se establece no es gratuita ni se basa en la generosidad. Lo que los padres hacen por los hijos se anota a fin de pasar cuentas en el momento que se considere oportuno. En las deudas pendientes también figura aquello que los hijos no han pedido y los padres han hecho por cuenta propia. Son una muestra de un estilo afectivo manipulador, poco generoso y nada asertivo.

Si el niño los integra, crece sabiendo que debe cubrir las expectativas de sus padres y hacer lo que ellos esperan porque, en caso contrario, acumula deuda y les hace daño. Contribuyen a crear un estilo de personalidad pasivo y sumiso que cede el control de su vida. El resentimiento es la emoción que se ve con más frecuencia en esta relación ambivalente de amor-odio y producirá, en ambas partes, mucho dolor.

Transformación positiva:
- No me debes nada. Lo he hecho porque así lo he querido.
- Lo más importante no es si me fallas a mí, sino si sientes que te has fallado a ti mismo.
- Quiero que me llames para decirme que todo va bien si otra noche te retrasas por algún motivo. Esta noche he estado preocupada.
- Me siento decepcionado por tu conducta. Sé que puedes mejorarla.

Estos mensajes expresan el sentir y el pensar de los padres de forma asertiva y resaltan el hecho de que la relación no es mercantilista. Lanzan al hijo el mensaje de que es responsable de su propia conducta. No le juzgan como persona, sólo su conducta y precisan qué se considera aceptable, animándolo a mejorar.

3. No tengas iniciativa, no explores. Eres débil
- ¡Vigila!
- ¡Ve con cuidado!
- No confíes en nadie
- La gente es mala
- ¿Y si te pasa algo?
- El mundo está lleno de peligros
- ¿Cómo lo harás si no estoy yo?
- ¿Y si te pones malo?
- En ningún lugar estarás mejor que aquí

Efectos:
Fomentan la inseguridad y los miedos. Bloquean el deseo de explorar nuevos territorios para evitar enfrentarse a algo que no pueden manejar y los supere, así como un estilo pasivo o de huida ante los problemas. Consolidan la creencia de que el riesgo es malo y de que debemos movernos siempre en territorio seguro. Provoca un repliegue en las relaciones con los demás.

Transformación positiva:
- ¡Ve y pásalo bien!
- Confía en ti mismo
- Hay muchas personas buenas en el mundo
- Si surge algún problema seguro que hallarás la forma de resolverlo
- No se puede vivir sin asumir riesgos. Lo más importante es hacer las cosas de forma consciente y tan bien como podamos.

- El mundo es muy grande. Es emocionante aprender cosas nuevas y conocer nuevos paisajes y personas.
- Aquí estás bien, pero durante tu vida encontrarás muchos lugares y personas estupendas.

Estos mensajes favorecen la exploración, dan confianza, animan a vivir, a aprender y a relacionarse.

4. No sirves, no vales, no eres competente: «no puedes»
- ¡Nunca aprenderás!
- ¡Eres un desastre!
- ¡No sirves para nada!
- Destrozas todo lo que tocas
- Todo lo haces mal
- Te vas a equivocar
- No tienes ni idea
- ¡Eres un inútil!

Efectos:
Estos mensajes generan inseguridad en uno mismo y en las propias competencias. El niño interioriza la creencia: «No puedo». Y a fuerza de repetírsela llega a un punto en el que ya no intenta nada, convencido de que seguro que lo hará mal; y no decide nada, puesto que, seguramente, se va a equivocar. El bloqueo puede llegar a ser mental, afectivo y también de acción. Tenemos una persona paralizada con su energía creativa bloqueada. El peligro es que toda la energía que no canalice positivamente la invierta en destruir para confirmar su propia creencia.

Transformación positiva:
- Vas a aprender, pero necesitas tiempo y esfuerzo.
- Inténtalo de nuevo
- Si te equivocas, vuelves a empezar otra vez

- Todos nos equivocamos a veces, lo importante es aprender del error.
- Todos tenemos cosas que aprender y mejorar
- Si te entrenas llegarás a mejorar
- Estoy seguro que puedes hacerlo mejor si te lo propones
- Es importante que cuides los detalles
- Nadie sirve para todo. Todos servimos para algo.

Estos mensajes desdramatizan el error y hacen entender al niño que es parte del proceso de aprendizaje. También plantean la importancia de la voluntad y del esfuerzo para conseguir mejoras. Dan confianza al cambiar el «no puedes» por el «puedes». Favorecen la tolerancia a la frustración y la capacidad de perseverar para conseguir los objetivos que uno se propone en la vida.

5. No seas tú, sé otro o de otra forma
- ¿Por qué no haces lo que hace tu hermano?
- Mira a María, ella sí que...
- Debes hacer lo que hacen los otros
- Deberías ser... más rápida, inteligente, buena, obediente...
- Deberías ser menos... habladora, sensible, confiada, expresiva, preguntona...
- Me gustarías más si...
- Eres extravagante
- No deberías ir vestido así
- Haces el ridículo

Efectos:
Fomentan la creencia de que los demás son mejores y de que no es suficiente con ser quien se es para ser amado. La constante comparación con otras personas o modelos transmite, en forma de demanda implícita, que *debe ser como no es*. No le

enseñamos que cada persona tiene valor por ser única e irreemplazable. Fomenta la copia, el gregarismo y la uniformidad. Se pierde la individualidad y la creatividad. Uno deja de ser una obra de arte para convertirse en una falsificación. El niño puede crecer intentando adaptarse a un modelo impuesto y dejando de lado su realidad y potencial a fin de conseguir ser aceptado y amado.

Transformación positiva:
- Tú eres tú, y tu hermano tu hermano.
- Es importante que des lo mejor de ti mismo
- Cada persona es única y no debemos compararlas
- Estoy convencido de que puedes mejorar
- ¿Y tú qué piensas, sientes, quieres hacer? ¿Por qué?
- El ridículo no existe. Sólo es una forma de verlo
- Es importante que encuentres tu propio camino, tu propia forma de hacerlo.
- Nunca existirá nadie como tú. Debes intentar ser la mejor persona que puedas llegar a ser.

Es injusto comparar. El referente siempre debe ser uno mismo. Como padres podemos observar si la evolución de nuestro hijo tiende a la mejora o al repliegue. Estos mensajes respetan y valoran las diferentes maneras de ser, les animan a ser ellos mismos, expresan aceptación y les impulsan a mejorar.

6. Prohibido sentir, pensar, hablar y hacer
- No pienses más en esto
- Piensas demasiado
- Deja de dar vueltas a este tema
- ¡No seas tan sensible!
- No llores, no rías, no te enojes, no estés triste...
- Hablas demasiado

- ¡Cállate!
- ¡No me respondas!
- No hagas nada
- Mejor estás quietecito

EFECTOS:

Estos mensajes fomentan la creencia de que es mejor no manifestarse ni mostrarse a los demás. Y si alguien no piensa, no siente y no hace, ¿acaso está vivo? Sería similar a una piedra, una especie de ser inerte sin permiso para vivir. Estos mensajes son muy contaminantes y desadaptativos, provocan grandes bloqueos.

Transformación positiva:

- Puedes llorar. Todos lloramos a veces. Las lágrimas pueden ayudar a sentirnos mejor.
- Tienes el derecho a sentir lo que sientes, pero no a hacer daño a los demás.
- Es importante que respetes el turno de palabra. Después podrás hablar tú.
- Pensar es necesario, pero a veces va bien dejar reposar una idea y dedicarte a otra cosa.
- Puedes decirme lo que piensas o sientes pero sin faltarme el respeto. Y yo haré lo mismo.
- Tienes derecho a estar enfadado pero no a pegar a otro

Dar permiso para sentir, pensar, expresar y hacer es dar permiso para vivir. Es importante que los padres eduquemos a los hijos con estas visiones a fin de que puedan relacionarse de forma honesta y sin mentir consigo mismos y con los demás. A su vez, estos mensajes también lanzan la idea de que aunque pensar y sentir es legítimo, no todas las conductas son válidas y que es necesario practicar el autocontrol y aplicar normas que sirvan para regular la convivencia.

7. No cuestiones lo que te digo, sé sumiso y obediente

- Tú haz lo que yo te diga
- Yo tengo más experiencia
- ¿Qué me vas a contar que yo no sepa?
- Mientras vivas aquí tú no opinas y harás lo que yo te ordene
- ¡Porque sí! ¡Porque no!
- ¡Lo harás porque yo lo digo!

Efectos:

Estos mensajes fomentan la creencia de que es necesario aceptar, sin cuestionar, lo que digan o manden los padres. También se vale del miedo al castigo y a sus consecuencias. Bloquean el pensamiento crítico y favorecen la construcción de un estilo de personalidad obediente, cobarde y sumisa que seguirá las órdenes a fin de evitar problemas.

Transformación positiva:

- Estoy dispuesto a escuchar tu propuesta
- Intentemos encontrar juntos otra solución
- ¿Qué propones tú? ¿Por qué crees que esto es mejor?
- ¿Qué idea das? ¿Cuál es tu alternativa?
- Mi experiencia me hace pensar que esta solución no es la mejor. ¿Crees que podemos buscar otra alternativa?

Se cambia la cesión de control y la obediencia por una modalidad de relación más abierta y comunicativa. Si bien no se cede, se indica al niño que se está abierto, dispuesto a considerar nuevas propuestas y que éstas pueden ser aceptadas si son mejores. Favorece la búsqueda de soluciones creativas, de nuevos argumentos para apoyar la demanda que se hace. Incrementa la seguridad en uno mismo y las competencias de asertividad, empatía y capacidad de negociar.

> —*Te quejas cuando no te hablo, cuando quiero hablar no me dejas y cuando me dejas hablar no me escuchas* —dice ella.
>
> —*Tú, en cambio, me escuchas pero no me respondes* —responde él.

Imma Monsó

En el proceso de comunicación, tanto el lenguaje no verbal como las palabras son los vehículos que transportan nuestros pensamientos y sentimientos. Toda comunicación supone un puente con dos direcciones que permite el intercambio y el encuentro. Sabremos que la comunicación con nuestros hijos ha sido productiva si cuando nos separamos de ellos ya no somos iguales que antes de producirse el encuentro: sentimos, pensamos diferente, hemos modelado nuestras respectivas visiones y variado o ampliado nuestro mapa de situación.

«Lo más excitante y creativo en la acción humana es el desacuerdo, la confrontación entre diversas opiniones sobre lo que es justo e injusto. En la idea del consenso y la armonía universal hay un olor desagradable de tendencias totalitarias.» Con estas palabras de Zygmunt Bauman queremos plantear la importancia de aprender a convivir con el desacuerdo e incluso delimitar y acordar qué zonas, en la relación padres e hijos, lo componen.

¿Qué ideas o visiones no compartimos? ¿En qué, concretamente, no estamos de acuerdo? Acordar el desacuerdo y verbalizarlo es el primer paso para poder llegar a nuevos acuerdos de convivencia. No es posible solucionar en ningún caso lo que no ha sido claramente definido, lo que no se quiere saber, o lo que no se quiere oír.

¿Esta estrategia es la más fácil? ¿La más cómoda? No, en ningún caso. Es la que nos va a pedir más esfuerzo, tiempo y dedicación pero también la más creativa y la que va a expresar mejor el amor y el respeto que sentimos por ellos.

EL PODER DE LA COMUNICACIÓN

- Por comodidad, para sentirnos más seguros y vencer los miedos, o por pura conveniencia permitimos que las creencias pasadas decidan nuestra vida presente.

- La palabra agresiva, injusta, imprecisa y prepotente es un gran contaminante emocional. Sus efectos en la persona que la recibe son altamente tóxicos y genera nueva agresividad que se propaga en forma de conductas violentas y destructivas.

- Dar permiso para sentir, pensar, expresar y hacer es dar permiso para vivir.

- Aunque pensar y sentir es legítimo, no todas las conductas son válidas y es necesario practicar el autocontrol y aplicar normas que sirvan para regular la convivencia.

- Toda comunicación supone un puente con dos direcciones que permite el intercambio y el encuentro.

TERCERA PARTE

El trabajo de liberar, o la educación emocional ecológica

¿Cómo se puede aprender el arte de vivir y de morir sin recibir ninguna instrucción?

MEISTER ECKHART

LA ECOLOGÍA EMOCIONAL
APLICADA A LAS RELACIONES

Si puedo decir a alguien «te amo», debo ser capaz de decir: «amo a todos en ti, a través de ti amo el mundo, en ti también me amo a mí mismo».

ERICH FROMM

LOS SIETE PRINCIPIOS DE LA GESTIÓN EMOCIONAL ECOLÓGICA DE LAS RELACIONES PADRES-HIJOS

Jamás una hoja conspira contra el árbol en nombre de su derecho al verdor permanente.

SERGIO SINAY

La ecología es el arte de gestionar nuestras emociones de tal forma que el caudal de energía que éstas generan se dirija a nuestro crecimiento personal, a la mejora de nuestras relaciones interpersonales y a un compromiso responsable y activo para la construcción de un mundo más armónico y solidario. Conceptos como sostenibilidad, responsabilidad, conciencia del impacto global, uso de energías limpias, renovables y ecológicas; espacios y especies emocionales protegidas, reciclar y evitar contaminaciones emocionales... son algunos de los aspectos que podemos aplicar para mejorar nuestro bienestar y equilibrio.

En nuestro libro *Ecología emocional* formulamos siete principios para realizar una gestión emocionalmente ecológica. Estamos convencidos de que, si somos capaces de aplicarlos día a día, tendremos unos resultados espectaculares, en cantidad y calidad, en nuestras relaciones personales. Son principios propuestos por muchas voces a lo largo de la historia de la humanidad y que nosotros hemos aglutinado en siete líneas de acción. Aquí se han adaptado a las relaciones padres e hijos.

1. *Principio de autonomía personal*

> *Ayúdate a ti mismo y los demás te ayudarán.*

Toda persona que no se reconoce y ama es invisible a su propia mirada y a la de los demás.

El primer principio de la gestión emocionalmente ecológica de las relaciones —Principio de autonomía— afirma: *Ayúdate a ti mismo y los demás te ayudarán*. Nada es más difícil que asumir la responsabilidad de la propia vida, de su diseño y construcción, de la gestión de las propias emociones y, a partir de ahí, realizar la acción más coherente. Pero precisamente éste es el gran reto de educar a un hijo: enseñarle a ayudarse a sí mismo. Porqué será esta capacidad la que le permitirá ser autónomo y capaz de vivir y continuar creciendo sea cual sea el paisaje que la vida le ponga por delante.

Los padres debemos autoaplicarnos este principio. Sólo si lo hacemos así nuestros hijos serán capaces de entender que somos responsables de cuidar de nosotros mismos, de amarnos, de mejorar, de aprender y seguir adelante. Al luchar ante las dificultades y no rendirnos ponemos en juego nuestros recursos personales y activamos nuestro potencial de crecimiento. En cambio, quien constantemente espera que venga otra persona a solucionarle su vida, se convierte para los demás en una carga demasiado pesada que, más pronto o más tarde, decidirán soltar.

Respecto a los hijos, los padres tenemos la misión de ser facilitadores de su crecimiento. El principio de autonomía personal enseña la importancia del esfuerzo, de la lucha y del trabajo; muestra que el camino de la facilidad y de la dilución de nuestra responsabilidad no es una elección adaptativa ni emocionalmente ecológica. El mensaje a transmitir es:

En tu vida vas a encontrar muchas personas dispuestas a ayudarte, si tú estás dispuesto a ayudarte a ti mismo. Pero si siempre esperas que alguien venga a resolverte el problema, la gente se alejará de ti porque te convertirás en una carga difícil de llevar. Nadie emocionalmente sano quiere compartir su vida con una persona dependiente, victimista o pasiva.

HAY MUCHO QUE HACER

Nos han educado para los sustantivos, pero la realidad se halla en los verbos.

JAIME BARYLKO

Había un incendio en un gran bosque de bambú. El incendio formaba llamaradas impresionantes, de una altura extraordinaria. Una pequeña ave, muy menuda, fue al río, mojó sus alas, regresó sobre el gran incendio y las empezó a agitar para apagarlo. Una y otra vez iba al río y volvía a las llamas dejando caer las gotitas.

Los dioses que la observaban hacía rato, la mandaron a llamar y le dijeron:

—Oye, ¿por qué estás haciendo esto? ¿Cómo es posible? ¿Cómo crees que con estas gotitas de agua puedes tú apagar un incendio de tales proporciones? Date cuenta: no lo vas a lograr.

Y el ave, humildemente, contestó:

—El bosque me ha dado tanto, lo amo tanto… Yo nací en él, este bosque me ha enseñado todo, me ha dado mi ser. Es mi origen, mi hogar y voy a continuar lanzando gotitas de amor con mis alas hasta que ya no pueda más.

Los dioses entendieron que el ave hacía el máximo de esfuerzo para salvar su bosque amado. Entonces, conmovidos, le ayudaron a apagar el incendio. El bosque se salvó porque el ave no se rindió.

Hay mucho que hacer. Dice el evangelio de Tomás:[83]

Y Jesús dijo:

—Si sacas lo que hay dentro de ti, lo que saques te salvará. Si no sacas lo que hay dentro de ti, lo que no saques te destruirá.

83. *Evangelio gnóstico*, Elaine Pagels, Grijalbo.

Un niño trataba en vano de levantar una piedra enorme. Al pasar frente a él, su padre se detuvo a observar sus esfuerzos. Finalmente le preguntó:

—¿Estás empleando toda tu fuerza?

—Sí —contestó el niño exasperado.

—No, no lo estás haciendo —dijo el padre, sin inmutarse—, porque no has pedido que te ayuden.

PARA AYUDARME DEBO CONOCERME

Podemos huir hacia cosas ilusorias, puedo huir de la pelea, del esfuerzo, de la lucha; puedo adorar a otro; puedo buscar mi salvación a través de otra persona. Pero mientras no me conozca a mí mismo, mientras no me dé cuenta de mi propio funcionamiento, no tengo ninguna base para el pensamiento, para el afecto y para la acción.[84]

Para ayudarnos debemos conocer nuestras necesidades, deseos, esperanzas, aptitudes, valores... El autoconocimiento es la primera de las competencias emocionales y la base para todas las demás.[85] Si para ayudarnos a nosotros mismos nos basamos tan sólo en la información que nos proporcionan los demás y esperamos que nos digan qué necesitamos, qué debemos hacer y decidir, seremos personas sometidas y dependientes. Para no estar a merced de los cambios de opinión de los demás debemos partir del conocimiento de nuestras cualidades y estar conectados a lo que sentimos. Sólo así podremos reconocer en nuestros

---

84. Krishnamurti, *La libertad interior*.

85. El autocontrol, la automotivación, la empatía y las habilidades de relación se asientan en esta base.

hijos sus necesidades y ayudarles dejando que sean ellos los que se ayuden a sí mismos.

2. Principio de prevención de dependencias

> *No debemos hacer por nuestros hijos aquello que ellos son capaces de hacer por sí mismos.*

Toda ayuda que se da a un niño y que él no necesita, detiene su desarrollo. Dar demasiado puede ser tan malo como no dar.

MARIA MONTESSORI

El principio general en el trato con los hijos debería ser, según Andrea Fiorenza, el siguiente: Observarlos sin intervenir, tener paciencia, darles tiempo y esperar que ellos solos intenten hallar las soluciones a sus problemas o que nos pidan ayuda si la necesitan.

Si nos anticipamos a sus deseos y ni tan sólo permitimos que los tengan —porque antes de que digan, pidan o expresen ya les hemos inundado de bienes—, estamos fomentando personalidades pasivas, autocentradas, dependientes y egoístas. El tedio, la falta de valoración de lo que se tiene, de lo que se es y sobre todo la falta de respeto a los demás, serán algunas de las consecuencias.

La conducta de anticipación evita que conozcan el dolor de la necesidad, el impulso del deseo, la carencia de la frustración y que activen sus recursos para solucionar las dificultades. Como dijo la excelente pedagoga Maria Montessori, dar demasiado puede ser tan malo como no dar. Pero pensamos que, a veces, aún es peor dar demasiado puesto que al menos las personas con carencias tienden a movilizar sus recursos o a pedir ayuda y, en cambio, los sobresaturados o hartos sólo quieren tener esclavos a su disposición.

La facilidad, un mal criterio

Fácil: susceptible de conseguir con poco o sin esfuerzo. La facilidad no es una buena opción puesto que no nos pide trabajo ni voluntad y nos empuja a replegarnos en lugar de a expandirnos.

A veces confundimos «ser buenos padres» con ser «unos padres demasiado buenos». Cuando hacemos por nuestros hijos aquello que ellos son capaces de hacer por sí mismos, estamos reduciendo sus capacidades y evitando que actualicen sus competencias, induciéndoles a la comodidad. Les transmitimos el mensaje de que en la vida siempre encontrarán a alguien que se lo facilitará todo. Pero esto es falso, y nosotros lo sabemos. Por lo tanto, somos corresponsables de convertir a nuestros hijos en personas poco autónomas, comodonas, despóticas, débiles y con poca fuerza de voluntad. Cuando nosotros faltemos, ¿qué será de ellos?

Siempre te ayudaré así

A la hora del patio en un centro de reeducación para jóvenes con poliomielitis, un niño de ocho años había caído al suelo y hacía esfuerzos para levantarse. El niño tenía las piernas atrofiadas por la terrible enfermedad y buscaba la mejor posición para hacer fuerza con sus brazos.

Un educador llegó allí; el niño, al verlo, dejó de esforzarse y alargó la mano diciéndole:

—¡Levántame!

Pero el educador sonriendo le respondió:

—No, Joaquín, levántate tú.

Joaquín se enfada, lloriquea, da golpes con los puños en el suelo, pero el educador no cede. Ya más calmado, y viendo que no conseguirá la ayuda que pide, el niño vuelve a intentar levantarse. Poco a poco va encontrando un punto de apoyo levantando primero la parte de atrás y apoyándose en los brazos hasta conseguir ponerse de pie. Una gran sonrisa ilumina su rostro y se acerca al educador diciéndole:

—¡Hala! No me has ayudado, ¿eh? Pero ya ves... me he levantado yo solo.

Después de un momento vuelve a decirle:

—Bueno, quizá sí que me has ayudado.

Y su educador le responde:

—Y siempre te ayudaré de esta manera.

La generosidad bien entendida es dar y hacer aquello que el otro necesita, para que no nos necesite. Lo contrario, sólo son muletas.

Enseñarles a tomar decisiones

Si pueden preguntar, quizás estén también listos para encontrar las respuestas. Si pueden hablar, es mejor callar nosotros y dejarles hablar a ellos. Si pueden razonar, ¿qué mejor manera que entrenarles permitiendo que tomen las decisiones que ya pueden tomar? Podemos animarles a ponerse a prueba y a elegir el camino que les va a hacer crecer: *¡Tú mismo!*; *Seguro que lo harás bien*; *Haz lo mejor que puedas*; *¿A ti qué te parece?* *Lo importante es que lo consigas tú mismo.* Preguntarles mucho: *¿Por qué? ¿Cómo lo ves tú? ¿Qué crees que pasaría si..? ¿Qué prefieres? ¿Qué idea tienes? ¿Cuál es tu propuesta?*

Si eligen mal y actúan de forma incorrecta, debemos dejar que «paguen los precios de sus acciones». Se trata de no ir «salvándoles la vida». Dejar que asuman las consecuencias de sus elecciones y que aprendan de sus errores. Se trata de que vean que sus actos tienen un impacto en ellos mismos y en los demás. Sólo así, de forma progresiva, podrán asumir la consecuencia de su libertad: su responsabilidad.

Un ejemplo vivido que ilustra este tema: Un niño tiene que entregar un trabajo a su profesor y lo ha dejado para el último momento, ya que se ha dedicado (y los padres lo han permitido) a ver la televisión o a jugar con su vídeo-consola. A última hora de la noche, cuando ya es hora de dormir, se acuerda del trabajo y empieza a lamentarse de que el profesor le castigará y lo suspenderá si no lo entrega. Después de gritos y pataletas, los padres mandan a la cama al niño con la promesa de que la madre le hará el trabajo en el ordenador y que lo tendrá listo para el día siguiente. La madre así lo hace. El niño entrega la tarea. Saca un notable.

Aprendizaje del niño: Siempre habrá alguien que me saque «las castañas del fuego». No ha experimentado que su falta de acción ha tenido una consecuencia negativa. Posiblemente va a generalizar este aprendizaje: Yo hago lo que me apetece y ya encontraré a alguien que me resolverá la papeleta. No ha aprendido nada adaptativo: sólo que sus padres son sus esclavos, que puede manejarlos y saltarse las reglas a su antojo. La pérdida de respeto es enorme y el impacto que la suma de conductas y efectos parecidos va a tener en su vida, también. Posiblemente será un desgraciado que hará desgraciadas a muchas personas. ¿Es esto lo que querían los padres? Posiblemente no, pero la falta de conciencia y su incorrecta actuación pueden favorecer este resultado.

3. Principio del efecto boomerang

> *Todo lo que haces a tu hijo, te lo haces a ti mismo.*

O de lo que se siembra se recoge y, a veces, con añadidos. En nuestras relaciones con los hijos debemos tener en cuenta este principio. Según lo que sembremos, recogeremos. Es cierto que no todo depende, afortunadamente, de nosotros. Hay factores que dependen de nuestros hijos, del entorno e incluso del azar. Pero hay algunos aspectos, como la siembra de valores, de afecto, de buen amor, que en los primeros años de la vida de nuestros hijos serán determinantes de *tendencias*. Es ahí donde vale la pena invertir nuestro esfuerzo y nuestra energía emocional. Todo el amor que compartimos con nuestros hijos también es amor que nos damos a nosotros mismos.

DE LO QUE SIEMBRA SE RECOGE

Había una vez un señor que sembró una semilla de mango en el patio de su casa. Todas las tardes la regaba con cariño y repetía con verdadera devoción:

—Que me salga melocotón, que me salga melocotón. Y así llegó a convencerse de que pronto iba a tener un melocotonero en el patio de su casa.

Una tarde vio, con emoción, que la tierra se estaba cuarteando y que una cabecita verde intentaba salir a la búsqueda de los rayos de sol. Al día siguiente, en el patio de su casa, asistió emocionado al milagro del nacimiento de una vida.

—Me nació el melocotonero —dijo el hombre con satisfacción y orgullo.

Por las tardes, mientras cuidaba y atendía con cariño a su árbol, pensaba en lo distinto que sería de esos árboles de mangos populacheros que crecen silvestres y que, en época de cosecha, llenan los patios de las casas. También se decía que, en unos años, la familia podría disfrutar de unas suculentas cosechas de melocotones.

El árbol fue creciendo y, un día, el hombre vio, primero con duda y después con incredulidad y desconcierto, que lo que estaba creciendo en el patio de su casa no era un melocotonero sino un árbol de mangos. El hombre dijo, con despecho y tristeza:

—No entiendo cómo me pudo pasar esto a mí. ¡Tanto que *le dije* que fuera melocotonero y me salió mango!

La hormiga y el trigo

Un grano de trigo se quedó solo en el campo después de la siega, esperando la lluvia para poder esconderse bajo el terrón. Una hormiga lo vio, se lo echó a la espalda y entre grandes fatigas se dirigió al lejano hormiguero. Mientras caminaba, el grano de trigo parecía cada vez más pesado sobre la espalda cansada de la hormiga.

—¿Por qué no me dejas tranquilo? —dijo el grano de trigo.

La hormiga respondió:

—Si te dejo tranquilo no tendremos provisiones para el invierno. Somos tantas, nosotras las hormigas, que cada una debe llevar a la despensa el alimento que logre encontrar.

—Pero yo no estoy hecho para ser comido —siguió el grano de trigo. Yo soy una semilla llena de vida, y mi destino es hacer crecer una planta. Escúchame, hagamos un trato.

La hormiga, contenta de descansar un poco, dejó en el suelo la semilla y preguntó:

—¿Qué trato?

—Si tú me dejas aquí, en mi campo —dijo el grano de trigo—, renunciando a llevarme a tu casa, yo dentro de un año te daré cien granos de trigo iguales a mí.

La hormiga lo miró con aire de incredulidad.

—Sí, querida hormiga —continuó la semilla—, puedes creer lo que te digo. Si hoy renuncias a mí, yo te daré cien granos como yo, te regalaré cien granos de trigo para tu nido.

La hormiga pensó:

—¡Cien granos a cambio de uno solo! ¡Es un milagro! ¿Y cómo lo harás? —preguntó al grano de trigo.

—Es un misterio —respondió el grano—. Es el misterio de la vida. Excava una pequeña fosa, entiérrame en ella y vuelve al cabo de un año.

Un año después volvió la hormiga. El grano de trigo había mantenido su promesa.[86]

4. Principio del reconocimiento de la individualidad y la diferencia

> *No debemos dar o hacer por nuestros hijos aquello que queremos para nosotros mismos... Ellos pueden tener gustos diferentes.*

---

86. Relato atribuido a Leonardo da Vinci.

Cada persona es un universo en sí misma, un todo completo diferente a los demás. Tiene determinadas cualidades, habilidades y potenciales por desplegar. Tanto lo que tiene como lo que aún no tiene, unido a su potencialidad de ser, forma parte de su diferencia. Esta es la maravilla de la existencia del otro: algo para respetar y reconocer.

Cuando elegimos algo para nuestro hijo (ropa, juguetes, libros, música...) o le damos algún consejo sobre su vida (estudios, trabajo...) es importante tener presente lo que a él le gusta, necesita y desea en lugar de ceñirnos a nuestro propio criterio. De hecho, muchos padres no respetan este principio porque no conocen realmente a sus hijos: no saben qué sueñan, qué sienten o qué piensan. La falta de comunicación o de interés hace que les sea más fácil guiarse por sus propios gustos o preferencias. No obstante, si no respetan este principio, van a empeorar sus relaciones y entrar en desincronía.

Reconocer su diferencia

Toda la familia[87] fue a comer fuera una noche. Pasaron los menús a todos, incluso a Molly, la hija de ocho años de edad. La conversación se tornó «adulta», de modo que Molly, allí sentada, era ignorada. Cuando el camarero tomó las peticiones de comida llegó por último donde estaba la niña:

—¿Qué es lo que deseas? —le preguntó.

—Un perrito caliente y una gaseosa —respondió ella.

—No, ni hablar —dijo la abuela—. Ella tomará pollo horneado con zanahorias y puré de patatas.

---

87. Adaptación de un relato de Jack Kornfield y Christina Feldman.

—Y leche para beber —añadió el padre.

—¿Quieres salsa de tomate o mostaza en tu perrito caliente? —le preguntó el camarero antes de retirarse, dejando a los padres y a la abuela estupefactos.

—Salsa de tomate, por favor —respondió Molly—. Luego se dio media vuelta y dirigiéndose a los adultos de su familia les dijo:

—¿Saben una cosa? ¡Él sí piensa que yo existo!

TODOS TENEMOS DONES ESPECIALES

En una ocasión, una maestra de escuela de Detroit le pidió a Stevie Morris que le ayudara a encontrar un ratoncito que se había escapado en la clase. Stevie Morris era ciego pero, como para compensar su ceguera, la naturaleza le había dotado de un par de oídos extraordinarios. Sin embargo, hasta ese momento nadie, salvo la maestra, había prestado la menor atención a este don. Todos habían preferido fijarse y compadecerse de su ceguera.

Esa ocasión fue la primera en la que Stevie sintió que se apreciaba su oído. Ese acto —recordaría años más tarde— fue el hecho que cambió su vida. Desde aquel entonces, desarrolló su don del oído hasta convertirse, bajo el nombre artístico de Stevie Wonder, en uno de los grandes músicos populares de la década de los setenta.

5. Principio de la moralidad natural

No hagas a tus hijos
aquello que no quieras que te hagan a ti.

Dicen que la vida es como un juego de tenis: el jugador que sirve rara vez pierde. Si bien no es común en la humanidad estar de acuerdo sobre aquello que queremos y deseamos, sí que lo es respecto a lo que no queremos. No queremos sufrir, morir, ser agredidos o menospreciados, ser ignorados o abandonados; no queremos ser engañados, traicionados, heridos... Este es el principio que todas las civilizaciones y religiones tienen claro. Es importante recordarlo.

LO ESENCIAL NO SE VE

El zorro y el Principito están dialogando:

> —El secreto es muy sencillo —dijo el zorro—. Sólo vemos bien con el corazón. Lo esencial es invisible a los ojos. Es el tiempo que has invertido en tu rosa lo que la ha hecho tan importante. Los hombres ya hace tiempo que han olvidado esta verdad, pero tú no la olvides. Uno debe hacerse responsable para siempre de lo que ha domesticado. Tú eres responsable de tu rosa.
>
> «Es cierto —pensó el Principito— mi flor es más importante que las demás porque es la que yo he regado, la que he colocado debajo de una campana, la que he protegido del viento. Porque es aquella de la que he matado las orugas, la misma que yo he oído quejarse o envanecerse e, incluso a veces, callar. Puesto que es mi rosa y yo soy responsable de mi rosa... repitió el Principito a fin de acordarse de ello.»

ÉL SÍ SE VA A DAR CUENTA

> Un padre llevó un domingo a sus dos hijos de nueve y once años de edad a un parque de atracciones. En la ta-

quilla había un cartel que decía con grandes letras: «Entrada general cuatro dólares, y dos dólares para los niños hasta diez años».

El padre pagó diez dólares, diciendo al empleado:

—Por favor, dos entradas generales y una de niño.

El taquillero miró a los dos niños y dijo sorprendido:

—Pero, señor, los dos son niños.

—El mayor tiene once años —dijo el padre.

—Bueno, claro... —insistió el empleado—, pero usted puede ahorrarse dos dólares y nadie se va a dar cuenta.

El padre miró a su hijo mayor, miró fijamente al taquillero y le dijo:

—Es que él sí se va a dar cuenta.[88]

MENTIRAS ARRIESGADAS

Una niña estaba sentada observando a su madre mientras lavaba los platos en la cocina. De repente, notó que ésta tenía varios cabellos blancos que sobresalían en su cabellera oscura. Miró a su madre y le preguntó inquisitivamente:

—Mamá, ¿por qué tienes algunos cabellos blancos?

—Bueno —contestó ella—, cada vez que tú haces algo malo y me haces llorar o me pones triste, uno de mis cabellos se pone blanco.

La niña se quedó pensativa unos instantes y luego dijo:

—Mamá, entonces, ¿por qué todos los cabellos de la abuelita están blancos?

88. Adaptado de Manuel Ramírez Campos, *Lo más selecto del pensamiento universal*, Editorial Libro Tarjeta, Perú.

Revisemos esta anécdota. La madre utiliza la curiosidad de saber y aprender de su hija para hacerle *chantaje emocional*, haciéndose la víctima y faltando a la verdad. A veces este tipo de respuesta surge de la ignorancia de la respuesta al interrogante que nos han formulado. Pero también aquí tenemos una línea de acción educativa importante. Podemos decir simplemente:

—No sé por qué en determinado momento los cabellos se ponen blancos, pero ¿qué te parece si las dos juntas intentamos averiguarlo?

Esta madre ha dejado pasar una ocasión para relacionarse de forma honesta con su hija, para fomentar la complicidad y aprender juntas algo que ninguna sabe. El engaño es captado y el respeto cae. Y, además, le rebota en contra la mentira que ha lanzado.[89]

LA COMPASIÓN NECESARIA

> *Todo el mundo fuera de mí no sólo me concierne sino que me constituye.*
>
> JORDI LLIMONA

Compasión = comprensión + ternura + empatía + cuidado + solidaridad

---

Sentimos —con el otro— algo que ya hemos experimentado nosotros puesto que, de no ser así, no podríamos reconocer su sentir. Nadie entiende la tristeza si no la ha sentido, nadie capta el sufrimiento si no lo ha sentido, nadie es sensible al otro si no

---

89. Efecto boomerang.

es sensible a sí mismo. Para que podamos aplicar este quinto principio de la gestión ecológica de las relaciones es necesario tener conocimiento de nosotros mismos y estar conectados a nuestro cuerpo, a nuestras emociones y a nuestros pensamientos.

> Hace mucho tiempo un viejo rabino preguntó a sus alumnos cómo se podía saber en qué momento se acaba la noche y empieza la madrugada.
>
> —¿Es cuando se puede distinguir sin dificultad, de lejos, un perro y un carnero?
>
> —No —dijo el rabino.
>
> —¿Es cuando podemos distinguir una palmera de una higuera?
>
> —No, no —dijo el rabino.
>
> —Entonces, ¿cuándo es?
>
> Y el rabino respondió:
>
> —Es cuando mirando el rostro de cualquier hombre o mujer reconoces a tu hermano o hermana. Hasta entonces aún es de noche dentro de tu corazón.

Ningún niño que haya aprendido la gran cantidad de tiempo y energía necesaria para que una semilla se convierta en un árbol —porque la ha sembrado y regado cada día y ha protegido la planta pequeña del viento y las agresiones— va a ser capaz más adelante de romper y destruir un árbol para divertirse. La comprensión, producto de lo que se ha experimentado, sentido y vivido es la línea de fuerza de la sabiduría necesaria para vivir una vida más humana y creativa. Como educadores que somos, es importante este trabajo continuado de crecimiento personal que nos va a permitir pasar del puente «yo» al puente «el otro» con una buena base para relacionarnos construida con empatía y amor.

6. *Principio de coherencia o de la autoaplicación previa*

> *No podrás hacer ni dar a tu hijo aquello que no eres capaz de hacer ni de darte a ti mismo.*

Es el principio esencial de la educación. Es la base del éxito en nuestras relaciones personales y profesionales. Es la principal herramienta de influencia. La coherencia atrae, genera confianza, viste de autoridad moral a la persona que la practica. La persona coherente no pide al otro nada que no practique ella misma, habla con sus acciones más que con sus palabras. Éste es un principio poderoso.

LA DIRECCIÓN ADECUADA

> *Organiza tu vida como una obra literaria, dándole la mayor unidad posible.*
>
> FERNANDO PESSOA

Decía Gandhi: «Si no puedes dar lecciones, siempre puedes dar ejemplos» Empieza por ti mismo. Nadie puede dar a los demás más de lo que tiene o más de lo que es. Ésta es la ética de la responsabilidad recíproca de la que hablaba Gandhi. Los niños de todas las edades hacen muy poco caso a los consejos y abren bien los ojos a los modelos de influencia. La vida de los padres, expresada en forma de acciones concretas, es su libro-modelo humano.

El proceso de educación deberá basarse en la reflexión, en la selección de unos valores que promuevan la adaptación inteligente y, sobre todo, en nuestro ejemplo de coherencia.[90] Si queremos educar en la generosidad no sirve de nada decirles a nuestros hijos: «Sed generosos», a no ser que vean que nosotros lo somos en nuestra vida cotidiana. El principio de la coherencia va a determinar el nivel de influencia que vamos a ejercer sobre ellos.

EFECTOS DE LA INCOHERENCIA

> *Si deseamos cambiar algo en un niño, primero deberíamos examinarlo y valorar si no es algo que, a lo mejor, deberíamos cambiar en nosotros mismos.*
>
> CARL GUSTAV JUNG

Kafka, en su libro *Carta al padre*, nos explica su propia experiencia al respecto:

> Tú, que tan prodigiosa autoridad tenías a mis ojos, no respetabas las órdenes que tú mismo dictabas. De aquí resultó que el mundo se dividió en tres partes: una, aquella en la que yo vivía como esclavo, sometido a leyes que sólo habían sido inventadas para mí y que, por añadidura, nunca podía cumplir satisfactoriamente, sin saber porqué; otra, que me era infinitamente lejana, y en la cual vivías tú, ocupado en gobernar, en dar órdenes y en irritarte porque no se cumplían; la tercera, en la que los demás vivían dichosos, exentos de órdenes y de obediencia.

---

90. Trabajo en equipo y sincrónico entre el pensamiento, la emoción y la acción.

La falta de coherencia combinada con un estilo dictatorial o autoritario puede generar en los hijos mucho resentimiento. La pérdida de autoridad moral por parte de los padres es total.

AUTORIDAD MORAL

> *Viva su vida de modo que sus hijos le puedan decir a sus hijos que usted no solamente significó algo maravilloso sino que también lo demostró.*

> DAN ZADRA

Se cuenta la anécdota de que una madre llevó a su hijo de seis años a casa de Mahatma Gandhi y le suplicó:

—Se lo ruego, Mahatma, dígale a mi hijo que no coma más azúcar, es diabético y arriesga su vida haciéndolo. A mí ya no me hace caso y sufro por él.

Gandhi reflexionó y dijo:

—Lo siento, señora. Ahora no puedo hacerlo. Traiga otra vez a su hijo dentro de quince días.

Sorprendida, la mujer le dio las gracias y le prometió que haría lo que le había pedido. Quince días después, volvió con su hijo. Gandhi miró al muchacho a los ojos y le dijo:

—Chico, deja de comer azúcar.

Agradecida, pero a la vez extrañada, la madre preguntó:

—¿Por qué me pidió que lo trajera dos semanas después? Podría haberle dicho lo mismo la primera vez.

Gandhi le respondió:

—Es que hace quince días yo también comía azúcar.

7. Principio de la limpieza relacional

> *Tienes el deber de acabar con las relaciones ficticias, insanas y que bloquean o impiden tu desarrollo como persona.*

¿Cuál es la finalidad de relacionarse? Comunicarse, intercambiar ideas, experiencias, emociones, conocimientos, dar y recibir afecto, recibir la mirada del otro para tomar conciencia de quién somos, de cómo mejorar y crecer mejor... El resultado no debería ser la soledad en compañía, el menosprecio, la ausencia, el abandono, la agresión, la coacción, el maltrato, en ningún caso y por parte de ninguna persona y mucho menos de alguien que, con la bandera de la familia o del amor, nos hace sufrir y no nos deja crecer de la forma que nos es propia.

Este principio nos empuja a aprender a protegernos de las relaciones que nos perjudican, que son ficticias o que impiden que nos mostremos con coherencia y honestidad. Es preciso hacer limpieza y alejarnos de los entornos contaminadores emocionales, tóxicos o agresivos. Y debemos enseñar también a nuestros hijos a hacerlo.

Busca en ti mismo

> *Los conflictos externos (entre las personas) casi siempre son producto de los conflictos internos (dentro de las personas).*

> Máxima budista

Si tenemos, habitualmente, problemas en todas nuestras relaciones personales y en diferentes ámbitos —casa, familia, amigos, vecinos...— la primera pregunta que debemos hacernos es: ¿qué estoy haciendo o dejando de hacer para que esto sea así?

Buscar en nuestro interior y detectar nuestros propios conflictos es una línea de trabajo emocionalmente ecológica puesto que va a suponer una ahorro de energía.[91] Cuando no nos gusta lo que recibimos es importante prestar atención a lo que emitimos.

No obstante, a veces somos capaces de mantener relaciones de calidad con diversas personas y, en cambio, tener graves dificultades para ser nosotros mismos al relacionarnos con otras. ¿De quién es el problema? A veces nuestro, pero no siempre. Es preciso entender que hay entornos que no favorecen nuestro crecimiento y relaciones emocionalmente tóxicas o agresivas para nosotros. Cuando notamos que estos encuentros nos provocan de forma habitual sentimientos como tristeza, frustración, injusticia, miedo, ira, desánimo, baja autoestima, rencor, aversión... es necesario cambiar de entorno, dejar estas relaciones tóxicas y buscar otras más sanas.

El mensaje a dar a nuestros hijos, cuando tienen dificultades para relacionarse, es que analicen en primer lugar su propia conducta para ver si hallan puntos de mejora. Pero, una vez se ha actuado en consecuencia, si continúan recibiendo agresiones y malos tratos de los demás, es importante que aprendan a protegerse separándose de estas personas que los utilizan, no les respetan y les hacen daño. El mundo es muy grande y es importante que elijan a personas que les sepan amar y les ayuden a crecer en lugar de a hundirse.

---

91. Invertimos nuestra energía en aquello que depende de nosotros en lugar de dirigirla a otras personas y situaciones en las que tenemos menos control.

Cuando nuestra vida emocional está amenazada, el hecho de trazar una línea de contención es no sólo aceptable sino también perceptivo.

CLARISSA PINKOLA ESTÉS

Si para continuar manteniendo determinadas relaciones: pareja, hijos, amigos... dejamos de ser nosotros mismos, vivimos con una máscara que esconde nuestro pensar y nuestro sentir, y dejamos de lado nuestros sueños e ilusiones... es urgente actuar.

Para enderezar la situación debemos tomarnos en serio y tener bien presente que, para proteger a nuestros hijos, es necesario que aprendamos a protegernos a nosotros mismos. Somos los responsables de proporcionarnos y proporcionarles un contexto adecuado para crecer y ser sin humillaciones, desprecios y agresiones donde no haga falta ignorar o esconder lo que cada uno de nosotros es y quiere llegar a ser.

Cuando la situación se ha torcido, podemos enderezarla haciendo limpieza de las relaciones que nos perjudican y nos son tóxicas. Aguantarlo todo de otro —por más familia biológica que sea, por más «amigo» que diga ser, por más jefe o poder que tenga— sólo acabará empeorando el problema y deteriorando nuestra autoestima. Para enderezar estas situaciones deberemos ser valientes y cortar con ellas de forma rápida y definitiva.

LAS ENERGÍAS EMOCIONALES ECOLÓGICAS

Debemos ver a los jóvenes no como botellas vacías que hay que llenar sino como antorchas que hay que encender.

ROBERT H. SHAFFER

Las energías emocionales ecológicas son aquellas que nos impulsan a crecer y a desplegarnos como personas, aquellas fuentes necesarias para nutrirnos y, gracias a las cuales podemos aprender, arriesgarnos, crear, amar y vivir. Son ecológicas porque son *renovables, no contaminantes, limpias y sostenibles.* Si nos valemos de ellas y aprendemos a canalizarlas, nos sorprenderá nuestra capacidad para crear, mejorarnos a nosotros mismos y, como consecuencia, mejorar nuestro mundo. El amor, la valentía, la alegría, la curiosidad, el deseo, la fortaleza, la voluntad... son algunas de ellas.

Aldous Huxley afirmaba que «si amamos podemos hacer lo que queramos. Pero si empezamos haciendo lo que queremos o aquello que no queremos obedeciendo a teorías, sistemas, ideas, ideales o prohibiciones de cualquier tipo de doctrina... nunca amaremos.» Y el amor es la energía más poderosa, la más creativa y la más ecológica que existe. Amar a nuestros hijos, pero amarlos bien —es decir, en libertad— va a activar y movilizar su mejor potencial de crecimiento. También lo dijo San Agustín: «Ama y haz lo que quieras». Eso sí, hablamos del buen amor y no de cualquier sucedáneo sustituto del mismo.

Para educar a un hijo será necesario un elevado nivel de inversión de energía afectiva, pero si utilizamos energías emocionalmente ecológicas, esta energía invertida no se perderá sino que volverá a nosotros renovada y multiplicada: el efecto boomerang positivo es uno de los fenómenos más interesantes que dichas energías van a poner en marcha. La energía no se crea ni se destruye, se transforma. Elegir bien la energía es esencial. Lo siguiente va a ser aprender a canalizarla para dirigirla a objetivos elegidos de forma emocionalmente inteligente. ¡Los resultados serán espectaculares!

¿DE QUÉ SIRVE?

> *No soy yo quien crece sino el deseo de sobrevivir.*
>
> MIQUEL MARTÍ I POL

¿De qué sirve un gran caudal de agua, de poderosa fuerza, si no la canalizamos para transformarla en energía útil? El potencial contenido en su fuerza sólo se convertirá en energía útil si sabemos conducirla a la central hidroeléctrica y si disponemos de las estructuras necesarias para transformar la energía en luz o fuerza. De igual forma pasa con las emociones. Emociones = e-movere, energía dirigida a la acción. Su fuerza potencial puede dirigirse a la acción creativa o a la acción destructiva. De nosotros y de nuestra educación va a depender.

¿Es válido usar cualquier fuente de energía para hacer determinada acción? No, definitivamente, por buena y necesaria que sea la acción. La misma conducta impulsada por una energía emocionalmente ecológica o una energía contaminante puede dar resultados diametralmente opuestos. ¿Acaso es lo mismo cuidar a una persona guiados por la fuerza del amor, de la ternura, o de la compasión[92] que hacerlo por un malentendido sentido del deber o de la obligación, por sentimientos de culpa o por coacción? El impacto en nosotros mismos y en el otro será totalmente diferente. La elección de la fuente de energía dirigida a la acción es una de las más importantes en la vida. Lo que

---

92. No confundir con lástima.

nos mueve determina hacia dónde vamos y los resultados que vamos a conseguir en forma de la mejora o empeoramiento del *clima emocional global*.

EDUCAR EN LA CULTURA DEL ESFUERZO, DE LA VOLUNTAD Y LA ACCIÓN

> *Uno no se cura por leer recetas médicas.*
>
> PROVERBIO CHINO

Decía Aristóteles que «sólo hay felicidad donde hay virtud y esfuerzo serio, ya que la vida no es un juego». Y si hay algo difícil de veras, es el gobierno de uno mismo. La palabra prudencia está unida al concepto de autocontrol. Prudencia significa ver con antelación, adelantarse a los acontecimientos y medir sus consecuencias antes de obrar. El autodominio es una competencia emocional esencial para convivir y poder desplegar un proyecto de vida creativo. A partir del autocontrol de los impulsos primarios, el niño podrá construir el edificio de su voluntad y aplicar un esfuerzo diario en forma de acciones concretas para conseguir sus objetivos.

Nuestros hijos deben aprender que la acción es necesaria y determinante y que nada se aprende ni se logra si no creemos que es importante y ponemos todas nuestras habilidades y competencias a trabajar. Existe una diferencia importante entre perseverancia y obstinación. La perseverancia tiene su origen en una fuente de voluntad positiva, en cambio la obstinación en una fuente de voluntad poco adaptativa porque se basa en una actitud rígida y cerrada.

El arquero da en el blanco, en parte tensando, en parte aflojando.

Cuenta Fredda Dudley que, siendo muy niña, era tan escrupulosa y se preocupaba tanto con todo que casi siempre se sentía infeliz. Un día, al principio de otoño, durante una fuerte nevada, su padre la llevó a dar un paseo por el campo.

—Mira estos olmos —le dijo—. Tienen las ramas tan destrozadas que quizá los árboles perezcan. Ahora, fíjate bien en los pinos y los cedros, ilesos y verdes a pesar de la nieve y del viento.

Después de una larga mirada y una pausa, su padre continuó:

—Mira, Fredda, en este mundo hay dos clases de árboles: los testarudos y los cuerdos. El olmo es porfiado e inflexible; persiste en conservar rígidas sus ramas, por más nieve y hielo que en ellas se acumule, hasta que su carga las rompe o desgaja, y entonces perece o queda desfigurado. Pero cuando al pino le cae encima más peso del que puede soportar, afloja sus fibras, inclina las ramas y deja escurrir la carga. Quiero, hija mía, que tú seas pino y no olmo.

Educar el valor

Dicen que los científicos han descubierto el gen de la timidez. Lo hubiesen encontrado hace muchos años pero se había escondido detrás de otros genes.

Jonathan Katz

Para educar el valor no debemos esconderles la parte difícil de la vida: Problemas, enfermedad, pérdidas, guerra y muerte. Mostrarles sólo la parte buena, fácil y agradable de la vida sería un engaño con enormes consecuencias. El hecho es que, más pronto o más tarde, nuestros hijos se darán cuenta de que hay más mundo que el de casa y que su visión es parcial e incompleta. Entonces, quizá se sientan engañados y poco competentes para vivir.

Ser valiente no es no sentir miedo, sino ser capaces de hacer lo que es necesario hacer, a pesar del miedo y teniéndolo presente. Las personas que nos acompañan en la vida van a contagiarnos emocionalmente en uno u otro aspecto: podemos aprender de ellos la fuerza y el coraje o bien la huida y el miedo. Juntos, somos todos más fuertes si lo que nos une es la energía de la amistad o del amor.

> Un enorme elefante[93] y un ratoncito se hicieron muy amigos. A todo lugar que iban caminaban juntos lado a lado. Un día, llegaron a un puente largo y angosto suspendido sobre un barranco profundo. Lado a lado, entraron en el puente y caminaron hasta el otro extremo. Cuando llegaron al otro lado, el ratoncito le dijo al elefante:
> —¡Caramba, es bien cierto que hicimos temblar a ese viejo puente!

EDUCAR LA IMAGINACIÓN Y EL ARTE DE SOÑAR

> —¡Detente! —dijo la oruga al pie que la aplastaba—. ¡Estoy soñando alas!
>
> NEMER IBO EL BURUD

---

93. *The Preacher's Ilustration Service*, Italicus.

En el mundo de la fantasía explotado por Yor, el Guardián ciego, existe una mina de riqueza extraordinaria. Lo llaman el Pozo de Minroud o la Mina de las Imágenes. De sus paredes no se extraen diamantes ni materiales preciosos, sino los miles de millones de sueños olvidados por todos los hombres a lo largo de la historia.[94]

¿Cuántos sueños hemos dejado de soñar? ¿Cuántos sueños hemos olvidado? ¿Cuántos no hemos intentado hacer realidad? Nos hacemos a golpes de realidad y a escapadas de sueños.[95] Soñar favorece la creatividad. No podemos vivir sin soñar y, si bien es necesario educar en el principio de realidad —enseñando a nuestros hijos a mantener bien asentados sus pies en el suelo—, también forma parte de nuestra misión estimularles a mirar las estrellas y dejar en libertad su imaginación.

Espacios para soñar: explicarles y leerles historias y cuentos. Tiempo de inicio del amor por los libros, la lectura, el diálogo y la aventura. Espacios compartidos para la imaginación sin límites donde se asentará su arte de soñar. Soñar e imaginar son piezas fundamentales del equipaje emocional de nuestros hijos y la materia prima de la creatividad, del pensamiento y del alma... un pozo lleno de recursos sin fin.

No renunciemos a nuestros sueños, luchemos por ellos utilizando nuestras fuerzas de forma inteligente para convertirlos en realidad. Así enseñaremos a nuestros hijos a mantener vivos y activos los suyos. ¡No permitamos que sus sueños y los nuestros acaben en el Pozo de Minroud!

---

94. Michael Ende, *La historia interminable*, Alfaguara.
95. Inspirado por J. Lostalé, periodista y poeta.

Morir, dormir... ¿dormir?, quizá soñar.

William Shakespeare

Era un inmenso campamento al aire libre.[96] De las galeras de los magos brotaban lechugas cantoras y ajíes luminosos, y por todas partes había gente ofreciendo sueños en canje. Había quien quería cambiar un sueño de viajes por un sueño de amores y había quien ofrecía un sueño para reír en trueque por un sueño para llorar un llanto bien gustoso.

Un señor andaba por ahí buscando pedacitos de su sueño, desbaratado por culpa de alguien que se lo había llevado por delante: el señor iba recogiendo los pedacitos y los pegaba y con ellos hacía un estandarte de colores.

El aguatero de los sueños llevaba agua a quienes sentían sed mientras dormían. Llevaba el agua a la espalda, en una vasija, y la brindaba en altas copas.

Sobre una torre había una mujer, de túnica blanca, peinándose la cabellera que le llegaba a los pies. El peine desprendía sueños, con todos sus personajes: los sueños salían del pelo y se iban a su aire.

Soñar es necesario. Combinando los sueños con el *principio de realidad*,[97] se puede construir algo nuevo y mejor. El juego y el sueño se alimentan mutuamente. Para jugar es necesario que el niño disponga de un tiempo al que pueda dar forma y llenar

---

96. Eduardo Galeano, (véase bibliografía).
97. «Lo que es, es». Tomar conciencia de dónde estamos, de qué punto partimos y de los recursos con que contamos.

con sus propias aportaciones e imaginación. Las personas incapaces de soñar no son creativas. Es siempre mejor crear que copiar y para ello es preciso permitir que la mente y la emoción diseñen mundos nuevos que aún no existen y exploren nuevas posibilidades de la realidad. Juguetes grandes y pequeños, para permitir que el niño juegue y que el adulto siga jugando... ¿Por qué limitar este espacio? ¿Por qué dejarlo de lado cuando ya somos adultos? Pablo Neruda nos cuenta la importancia de los juguetes en su vida:

> En mi casa he reunido juguetes pequeños y grandes, sin los cuales no podría vivir. El niño que no juega no es niño, pero el hombre que no juega perdió para siempre al niño que vivía en él y que le hará mucha falta. He edificado mi casa también como un juguete y juego en ella de la mañana a la noche.

¡AYÚDALE A MIRAR!

Caras de niño mirando hacia arriba. Una taza llena de asombro.

SARA TEASDALE

Diego no conocía la mar. El padre, Santiago Kovadloff, lo llevó a descubrirla. Viajaron al sur. Ella, la mar, estaba más allá de los altos médanos, esperando. Cuando el niño y el padre alcanzaron por fin aquellas cumbres de arena, después de mucho caminar, la mar estaba ante sus ojos. Y fue tanta la inmensidad de la mar, y tanto su fulgor, que el niño quedó mudo de hermosura. Y cuando por fin consiguió hablar, temblando, tartamudeando, pidió a su padre:

—¡Ayúdame a mirar![98]

Para poder ayudar a mirar a nuestros hijos es importante cultivar el arte de la mirada. Se trata de no dar nada por supuesto y aprender a mirar con ojos nuevos y mirada renovada los paisajes de cada día. Krishnamurti lo decía así: «¿Es posible mirar cualquier cosa, el árbol, la nube, la flor, el niño, el rostro de una mujer o de un hombre como si usted lo estuviera mirando por primera vez?» Aquí se plantea una cuestión fundamental: la verdadera libertad para mirar conlleva la capacidad de no aplicar clichés ni prejuicios y el darle al otro la oportunidad de ser valorado en su presente y no por su pasado.

> Nada fácil: no es lo mismo mirar que ver. Mirar es volver los ojos hacia fuera para que la luz nos traiga formas y colores; ver es aceptar esa percepción y acomodarla en el interior, mezclarla con lo que somos, lo que pensamos y recordamos, lo que estamos sintiendo en ese momento. Tal como eres, sólo así puedes ver. Cuanto más seas más verás.[99]

Ser mejor, para mirar mejor. Esta es nuestra tarea. Anaïs Nin afirmó al respecto: «No vemos las cosas tal y como son, las vemos tal y como somos nosotros». Para acoger lo que nos llega debemos preparar un espacio interior acogedor.

¡Cuántas veces nuestra mirada no aprecia el momento actual de nuestros hijos! Anclados en la comodidad y la rutina, aplicamos a su presente miradas antiguas que no les hacen justicia. Para ayudarlos a mirar, a valorar y a valorarse es necesario que nosotros también miremos en libertad.

---

98. Eduardo Galeano.
99. Luis Racionero, *La sonrisa de la Gioconda*, Planeta.

> *Para tener alegría hay que compartirla. La felicidad na-*
> *ció gemela.*

LORD BYRON

Rousseau decía:

> Vosotros, los padres, ¿sabéis cuándo la muerte espera a
> vuestros hijos? No los llenéis de remordimientos hur-
> tándoles los breves momentos que la naturaleza les ha
> dado. En cuanto sean capaces de apreciar las delicias de
> la existencia, dejad que gocen de ella.

Panniker afirma que nos hemos obsesionado tanto en el «árbol
del bien y del mal» que nos hemos olvidado del «árbol de la
vida». El miedo al pecado, el miedo a equivocarnos, el miedo
a arriesgarnos, el miedo a confiar, el miedo a amar, el miedo a
vivir... muchos miedos que transmitimos a nuestros hijos. Y los
miedos oscurecen la vida y nos impiden disfrutarla.

Hermann Hesse[100] da en el siguiente escrito algunas pistas
sobre los valores que le influyeron positivamente en la vida:

> Siempre tuve cierta confianza en el suave poder de per-
> suasión de la belleza, del arte, de la poesía; a mí mismo,
> en mi juventud, me formó más y me despertó con mayor
> fuerza la curiosidad hacia el mundo espiritual ese poder
> que todos los «métodos de educación» oficiales o privados.
> Ninguna persona puede ver y comprender en otros lo que
> ella misma no ha vivido. La verdad se vive, no se enseña.

---

100. *Lecturas para minutos*, Alizana.

Todo lo que es importante en la vida necesita un buen aprendizaje. Y en todo aprendizaje, es necesario aplicar voluntad, sosiego y lentitud, esta capacidad de dar a las cosas el tiempo que requieren, permitiéndonos la pausa y el gozo. Apreciar el sabor de la vida requiere tiempo vivido en presente y de forma conciente. La inmediatez, las prisas y la avidez están reñidas con «saborear» el momento.

Se ha despreciado durante muchos años el placer. Se ha prohibido y escondido. En su lugar hemos alimentado la cultura de la culpa que ha hecho infeliz a mucha gente. Reivindicamos el placer, producto del vivir de forma sabia, el placer sencillo del sabernos vivos y sentir con todos nuestros sentidos. Debemos darnos permiso para disfrutar. Placer no significa «que todo vale», ni tampoco irresponsabilidad, coacción del otro, o «quemar las naves». Supone vivir *en el presente* apreciando y saboreando cada día todos los regalos de la vida. No debe confundirse vivir el presente con vivir *para el presente*. Educar este matiz es esencial. ¿Por qué no una pedagogía del placer?

El filósofo Edgar Morin reivindica lo mejor de la vida:

> La vida es un tejido mezclado o alternado de prosa y poesía. Se puede llamar prosa a las actividades prácticas, técnicas y materiales que son necesarias para la existencia. Se puede llamar poesía a lo que nos lleva a un estado segundo: primero la poesía en sí misma. Luego la música, la danza, el placer y, por supuesto, el amor.

¿Qué mejor herencia para nuestros hijos que transmitirles estos valores, el valor de la vida y el vivir con valor?

> *Habla si tienes palabras más fuertes que el silencio, si no, guarda silencio.*
>
> Eurípides

Nos educan muy poco para el silencio, hasta el punto que, de adultos, podemos llegar a temerlo. Proponemos una pedagogía del silencio, que enseñe a nuestros hijos a apreciarlo y a gozarlo.

El silencio-calma, el silencio-reflexión, el silencio-espacio para reencontrarnos, el silencio-descanso, el silencio-contemplación, el silencio-escucha, el silencio-mirada atenta, el silencio-confianza. No se improvisa una buena relación con el silencio. Será necesario construir en nuestro interior un espacio a donde deseemos volver cuando todo lo de afuera sea caótico y desequilibrante y recorrer a menudo este camino. A veces tememos tanto el silencio que llenamos nuestros días y nuestras horas con todo tipo de ruidos. Es nuestra forma de evitar conectarnos con nosotros mismos porque tenemos miedo de lo que podemos hallar, porque nos desconocemos, porque no confiamos. Es nuestra forma de evitar el vacío. ¡Gran error! Porque el silencio es más plenitud que vacío y puede ser nuestro aliado.

Cuando no sabemos adónde ir y no hallamos el sentido y cuando todo es inestable e incierto debemos hacer silencio. Un camino a ritmo de respiración: inspiración y espiración pausada, captando el aire sin prisas, notando su sabor y dejando que salga de nuestro cuerpo lentamente a la vez que soltamos tensiones. Centrados, concentrados en el adentro, envueltos en la cálida ola de nuestro espacio interior lleno de calma, una zona donde anclarnos cuando hay tempestad, un buen puerto para el descanso.

Silencio exterior pero, sobre todo, capacidad para crear silencio interior, un lugar donde reencontrarse con uno mismo. La educación para el silencio va unida a la buena aceptación de los espacios de soledad —que no son de aislamiento ni desconexión—, aquel tiempo que nos permite centrarnos, meditar, contemplar y tender puentes hacia dentro y hacia afuera. «Hacer silencio»: eliminar los ruidos interiores y desconectarnos de los exteriores para «sentirnos» realmente; espacios indispensables para reequilibrarnos y cargarnos de energía. El conocimiento, el control de uno mismo y la capacidad de automotivarnos, que son la base necesaria para todo aprendizaje, requieren la capacidad de convivir con la soledad y el silencio. «El sonido del silencio resuena ininterrumpidamente. La cuestión está en si nosotros, en cuanto instrumento, estamos suficientemente afinados como para que su eco resuene en nosotros, y lo escuchemos.»[101]

EDUCAR LA CURIOSIDAD Y LA SORPRESA

> *El mundo nunca morirá por falta de maravillas, sólo por falta de asombro.*
>
> GILBERT KEITH CHESTERTON

Ya lo dijo Sócrates: La sabiduría comienza en el asombro. Es importante ser honestos y admitir que no tenemos todas las respuestas. Es esencial ser sensibles y estar atentos, para dar las respuestas adecuadas. Antes de responder es importante tener claro lo que nuestros hijos nos preguntan. Quizás es el momento de hacer alguna pregunta nosotros. Por ejemplo:

---

101. Karlfried Graf Dürckheim, filósofo alemán (1896-1990).

—¿Qué te interesa saber exactamente? ¿Por qué me lo preguntas?

El otro día mi hijo pequeño[102] vino con expresión muy seria en su rostro y me dijo:

—¿Papá, puedo hacerte una pregunta? ¿De dónde vengo?

Era una pregunta que temía pero me senté con él y, tan suavemente como pude, le expliqué todo sobre los pájaros y las abejas. Cuando terminé estaba muy quieto, se levantó y me dijo:

—Gracias, papá.

Y se dirigió a la puerta.

—¿Qué te hizo preguntarme? —le pregunté.

Se dio media vuelta y me dijo:

—Quería saberlo porque Bobby, el que vive aquí al lado, dice que él viene de Manchester.

También es preciso enseñar a nuestros hijos que las respuestas flotan a nuestro alrededor pero que, a veces, no sabemos verlas porque no estamos atentos a lo que nos rodea.

Desde el primer día en que entramos en nuestra clase de noveno grado, una de las pizarras estaba cubierta con un diagrama del cuerpo humano en el que figuraban los nombres de todos los músculos y huesos. El diagrama se quedó allí durante todo el curso, a pesar de que el profesor nunca hizo referencia alguna a él. Finalmente, el día del examen final la pizarra apareció en blanco. El profesor entonces nos dio una hoja de papel en la que figuraba

---

102. Fred Metcalf, *The Penguin Dictionary of Modern Humorous Quotations*.

la única pregunta del examen: «Nombrar y localizar los principales huesos y músculos del cuerpo humano». La clase inmediatamente protestó:

—¡No hemos dado este tema!

—Eso no es ninguna excusa —dijo el profesor—. La información ha estado disponible para vosotros durante meses.

Tras pelear con el examen durante un tiempo, el profesor recogió los exámenes y los rompió delante de todos.

—Recordad siempre —dijo— que la educación es mucho más que simplemente aprender lo que os dicen.

Curiosidad + admiración + desconcierto = pregunta + búsqueda de respuestas + alegría por el descubrimiento

---

El resultado es el aprendizaje y la creación. Para educar la capacidad de sorpresa es importante practicarla a diario y no dar nada por supuesto o por sabido. Se trata de buscar situaciones de sorpresa mutua puesto que es muy enriquecedor para nosotros y para nuestros hijos.

Cuentan que durante su etapa como profesor activo, al final de un examen, un alumno se acercó a Albert Einstein y le comentó sorprendido:

—¡Las preguntas del examen de este año son las mismas que las del año pasado!

—Sí, es cierto —respondió Einstein—, pero este año las respuestas son totalmente diferentes.

El humor es una de las armas con las que el alma lucha por su supervivencia.

VIKTOR FRANKL

Cuentan que un instructor de vuelo estaba haciendo un examen práctico a su alumno. Durante el vuelo le planteó:

—Vamos a ver. Imagina que de repente se te incendia el motor derecho. ¿Qué haces?

—Lo apago y continúo con el motor izquierdo.

—Bien. Pero de repente se te incendia también el motor izquierdo. ¿Qué haces?

—Entonces lo apago y enciendo el motor de repuesto.

—¿Pero qué dices? ¿De dónde sacas el motor de repuesto?

—¡Pues, señor, del mismo lugar de donde usted saca tantos incendios!

El humor nos puede permitir transformar una experiencia difícil y dolorosa en algo liberador, convertir el sufrimiento en una experiencia social agradable y un daño en sonrisa.[103] Para que nuestros hijos sean capaces de realizar esta metamorfosis será necesario que hayan adquirido un vínculo afectivo de tipo protector que les dará la seguridad necesaria para ser capaces de reírse, de jugar con el miedo, de fingir, de crear y de divertirse con los acontecimientos insólitos.

---

103. Ver Boris Cyrulnik, para la ampliación de la resiliencia y el humor.

8

LA ECOLOGÍA EMOCIONAL
APLICADA A LAS RELACIONES

- El gran reto de educar a un hijo: enseñarle a ayudarse a sí mismo.

- La conducta de anticipación de los padres les evita conocer el dolor de la necesidad, el impulso del deseo, la carencia de la frustración y que activen sus recursos para solucionar las dificultades.

- A veces confundimos «ser buenos padres» con ser «unos padres demasiado buenos».

- La falta de coherencia combinada con un estilo dictatorial o autoritario puede generar mucho resentimiento en los hijos.

- Ser valiente no es no sentir miedo, sino ser capaces de hacer lo que es necesario hacer, a pesar del miedo y teniéndolo presente.

CUARTA PARTE

Misión cumplida

—¿Cuándo empieza la vida? —dice un chiste judío.
—Para un católico, la vida comienza en el momen-
to de la formación del embrión. Para un protestante,
cuando el niño nace. Para un judío, la vida empie-
za verdaderamente cuando los hijos se van de casa.

9

DEJARLO SER, DEJARLO IR, SOLTAR

Cuando tu obra abre la boca, tú debes cerrar el pico. Hay que retirar los andamios cuando la casa está construida.

FRIEDRICH NIETZSCHE

CRECE HIJO, DECRECE PADRE

—¡Crece, hijo mío!
—¡Disminuye, padre mío!

ALEJANDRO JODOROWSKY

Los hijos se desarrollan en oposición a los padres. Damos por supuesto que las relaciones entre padres e hijos se basan en el amor y el afecto pero no debemos olvidar que, aunque sea de forma solapada, allí también existe lucha por el poder y el territorio.[104]

---

104. Idea expresada por Jean Lacroix.

A medida que el hijo crece aumenta también su necesidad de explorar, de hacer, de resistirse, de ponerse a prueba y de alejarse de los padres. La necesidad de disponer de un espacio propio[105] se hace urgente. Curiosamente, y al mismo tiempo, aumenta el deseo de algunos padres —al ir envejeciendo— de mantener atado y cercano al hijo. Y si bien en la actualidad la decisión de tener hijos ya no se sustenta principalmente en la pretensión de que sean un apoyo para la vejez, en algunos padres sigue intacta esta antigua visión. Entonces, pueden intentar atar al hijo mediante mensajes de miedo, peligro o incompetencia, generándole inseguridad. El resultado será un aumento del caos en la relación y sufrimiento para todos, puesto que esta estrategia paterna se basa en el egoísmo[106] y no en la generosidad.

LIBERACIÓN Y EMANCIPACIÓN

La emancipación, el comienzo del desarrollo, es consecuencia del liberarse, y la liberación comienza por uno mismo y por los padres. No hay duda: si uno no se emancipa de los padres, si no siente cada vez con más firmeza que tiene el derecho a decidir por sí mismo y que ni teme ni contraría particularmente los deseos de sus padres, sino que obra por sí mismo, siempre tendrá cerradas las puertas del camino de la independencia.

Erich Fromm

---

105. No sólo hacemos referencia al espacio físico. También: espacio de libertad, de decisión, de intimidad...

106. Energía contaminante.

Kant decía que los padres y profesores son nuestros enemigos naturales porque, a pesar de admirarlos, nos sentimos a menudo superados, ahogados o amenazados por ellos. De hecho, comenzamos a pensar, verdaderamente, por oposición a nuestros mayores. Al necesitar definirnos y sentirnos individuos únicos, y no diluidos en nuestro entorno, debemos diferenciarnos, aunque sea mediante una oposición inicial en nuestro pensar, sentir y hacer. Al alejarnos de nuestros padres, por diferentes caminos, acabamos convirtiéndonos finalmente en hombres y mujeres. Como dice Joan Rivière,[107] el alejamiento de algo ardientemente deseado y amado no se produce sin que en el proceso aparezca algo parecido al odio o a la vindicación. El proceso de separación puede vivirse como una crisis.

A medida que maduramos aprendemos a seleccionar mejor a qué nos oponemos, qué no aceptamos y qué incorporamos de la herencia recibida. De lo que nos han transmitido los padres seguramente ni todo era tan malo, ni tampoco tan bueno. Diferenciarlo y escoger qué aprendizajes y valores incorporamos a nuestro equipaje vital es una tarea personal e intransferible.

HUÉRFANOS DE HIJOS

Cada proceso tiene el momento idóneo para cerrarse: así es la vida. Es como hervir un huevo: cuando está duro no añades nada manteniéndolo en el agua.

LUIS RACIONERO[108]

---

107. Odio, voracidad y agresión.
108. *La sonrisa de la Gioconda*, Planeta.

Hay un momento en que los padres nos quedamos huérfanos de hijos. Un buen día, los miramos y nos damos cuenta de que han crecido independientes de nosotros, sin pedir permiso, repentinamente. Y es posible que nos encuentren «con la guardia baja».

¿Dónde quedaron los pañales, las idas y venidas de la escuela, sus ositos de peluche, sus dibujos colgados en la nevera, su voz cantando o pidiendo algo, su vocecita diciendo «papá, guapo», «mamá guapa»? De repente, aquel niño se ha transformado en un adolescente que nos pone límites y que incumple los que nosotros le ponemos. Aparece la constante negociación, los idiomas distintos, el aislamiento y la reivindicación de intimidad.

Lo vemos crecer sin saber mucho de sus relaciones, asistimos a su lucha con un mundo que se le resiste, sus miedos o su afán de ser adulto, sus aciertos y errores. Quizá le vayamos dando, poco a poco, más espacio, más margen de maniobra y la separación sea progresiva. Tal vez nos resistamos a ceder el control, en un intento de retener el tiempo. De nada sirve. Lo queramos o no, la vida, imparable, cambia las condiciones y los paisajes.

Surge el nuevo adulto. Casi sin darnos cuenta llega el momento de dejarlo ir. Nuestra tarea de apoyo, desde la proximidad, finaliza. Toca realizar un cambio de rol. Hay quien se siente huérfano de hijo en el momento en que éste se va. Y eso duele.

EL DEBER DE DEJAR DE ENTROMETERNOS

Con el tiempo aprendes la sutil diferencia que hay entre tomar la mano de alguien y encadenar su alma.

ANÓNIMO

Hay cuatro etapas significativas en la vida de una persona: la primera, *aprender a hacer*; la segunda, *hacer*; la tercera, *enseñar a hacer*; y la cuarta, *dejar hacer*. Llega un momento en el que es preciso «dejar de entrometernos». Los padres tenemos el deber de preparar a nuestros hijos ayudándoles a vivir vidas íntegras pero, una vez finalizada esta parte, es importante no insistir más. Forma parte de nuestro deber dejar de hacer y *dejar hacer* antes de que la autoridad paterna o materna se convierta en una intrusión.[109] Se dice que somos padres para toda la vida. Así es formalmente, pero el tipo de padres que somos debe evolucionar a medida que nuestro hijo crece.

La evolución y maduración de nuestros hijos dependerá de su capacidad para alejarse de nosotros, cubrir sus necesidades, sentirse confiados, elegir, gestionar su vida y tomar su propio camino. Y, si cumplimos bien nuestra misión, la primera consecuencia será que los hijos se irán de nuestro lado para probar sus fuerzas. Los hijos son la flecha y nosotros el arco. La misión del arco es impulsar la flecha, darle fuerza y velocidad y también orientarla bien en su ruta hacia el blanco. La de la flecha es seguir su propio camino sin apegarse al arco. De no hacerlo así, ni el arco ni la flecha habrían cumplido su misión. Así de maravilloso, y así de duro es el camino de la paternidad y la maternidad.

Educar en la libertad y en la responsabilidad supone asumir, a la vez, pérdidas y ganancias. A la alegría del éxito de nuestro rol como padres —porque nuestro hijo se ha convertido en una persona autónoma, con identidad propia y que puede vivir sin nosotros—, puede añadirse cierta tristeza por finalizar una etapa. Así es nuestro mundo emocional de complejo, y es una estrategia emocionalmente inteligente aceptar y reconocer

---

109. Idea expresada por diversos autores, entre ellos la doctora Pinkola Estés, (véase bibliografía).

lo que sentimos y darnos permiso para sentirlo y vivirlo. Toca
desprendernos y «dejarles volar».

DEJARLES PARTIR: ENSEÑAR A VOLAR
Y PERMITIR EL VUELO

> *Una barca es útil para cruzar el río, pero, una vez reali-*
> *zada la travesía, no es necesario continuar el camino con*
> *la barca a la espalda.*

> SWAMI S. GIRI

Dice un proverbio chino: «Si amas algo, déjalo ir. Si vuelve a
ti, entonces es tuyo, pero si no, es que nunca lo fue». No es ni
inteligente ni adaptativo intentar retener a los hijos. No lo es ni
para nosotros ni para ellos. Si les hemos educado en libertad debemos estar dispuestos a dejar que emprendan el vuelo. Nuestra
misión es dejarlos y la suya, alejarse. Erma Bombeck habla de
ello comparando a los niños con las cometas:[110]

> Te pasas la vida tratando de hacerlas volar. Corres con
> ellas hasta quedar sin aliento. Caen al suelo. Chocan con
> los tejados. Tú las remiendas, las consuelas, las ajustas,
> y les enseñas. Observas cómo el viento las mece y les
> aseguras que un día podrán volar.
>
> Finalmente vuelan. Necesitan más hilo y tú sueltas
> más y más, y sabes que muy pronto la bella criatura se
> desprenderá de la cuerda de salvamento que la ata y se
> elevará por los aires, como se espera que lo haga, libre y

---

110. Relato incluido en el libro *Aplícate al cuento*, Editorial Amat
(de los autores).

sola. Sólo entonces te das cuenta de que has hecho bien tu trabajo.

La esencia del amor de los padres reside en cuidar que los hijos se desarrollen como seres humanos equilibrados y armónicos. Este crecimiento lleva inherente la separación, y si los hijos no quieren partir, si se sienten demasiado débiles o son demasiado cómodos y no quieren esforzarse ni explorar las enormes posibilidades del vivir, debemos preguntarnos si tal vez, en algún momento, les hemos sobreprotegido en exceso y hemos cortado sus alas.

Sabemos que la calidad y el tipo de apego elaborado por el niño con su figura de vínculo durante el primer año de vida, tiene mucha influencia en su conducta futura. Los niños criados con un apego seguro serán más afectivos, cooperativos, autodirectivos y competentes, así como menos agresivos que los que han tenido un apego inseguro.[111] Pero, a partir de su primer año y durante todo su crecimiento, pueden suceder muchas cosas en su vida, aparecer otras personas y adquirir nuevas experiencias y aprendizajes que también influirán y, hasta cierto punto, condicionarán su autonomía.

Cada hijo es distinto. Incluso en las mejores condiciones posibles hay quien se resiste a explorar por su cuenta, a vivir su vida y a hacerse adulto. En estas ocasiones, puede no ser suficiente con haber enseñado a volar y permitir el vuelo. A veces es preciso forzar el vuelo de algunos hijos, empujándolos a abandonar su «zona de comodidad o seguridad». Este relato habla de ello:

Se cuenta que una vez un rey recibió como obsequio dos pequeños halcones y los entregó al maestro de cetrería

111. Sroufe, *Desarrollo emocional*, Oxford, México.

para que los entrenara. Pasados unos meses, el maestro informó al rey que uno de los halcones volaba perfectamente pero que no sabía lo que le sucedía al otro, puesto que no se había movido de la rama donde lo dejó el día que llegó.

El rey llamó a curanderos y sanadores para que vieran al halcón, pero ninguno pudo hacer volar al ave. Encargó entonces la misión a los miembros de la corte, pero nada sucedió. Al día siguiente el monarca pudo observar, mirando por la ventana, que el ave aún continuaba inmóvil. Entonces decidió comunicar a su pueblo que ofrecería una recompensa a la persona que hiciera volar al halcón. A la mañana siguiente, vio al halcón volando ágilmente por los jardines.

El rey le dijo a su corte:

—Traedme al autor de este milagro.

Rápidamente le presentaron a un campesino. El rey le preguntó:

—¿Tú hiciste volar al halcón? ¿Cómo lo conseguiste? ¿Eres mago?

Con humildad, el campesino le respondió:

—Fue fácil, mi rey, sólo tuve que cortar la rama donde descansaba y entonces el halcón se dio cuenta de que tenía alas y se lanzó a volar.

CORTAR EL CORDÓN: CUANDO LOS HIJOS NO SE VAN

El árbol decidió viajar.
Cuando consiguió desprenderse de la tierra se dio cuenta de que sus ramas eran raíces celestes.

ALEJANDRO JODOROWSKY

Si no se van, tenemos y tienen un problema. Puede ser que tengan *miedo* a estar solos, a ser adultos y a asumir las consecuencias de la libertad que tanto reivindican por otro lado; miedo a estar en «la primera línea del frente», a tomar decisiones, a equivocarse y a elegir dónde y cómo vivir, *con quién y para qué*. En definitiva, miedo a la responsabilidad.

También es posible que no quieran irse por *comodidad*, les hemos facilitado una vida en la que tienen «lo mejor de ambos mundos», todas las facilidades y ninguna de las responsabilidades que supone ser adulto. Quizá no se van porque no quieren «bajar su nivel de vida»: no podrán permitirse ciertos lujos que ahora tienen viviendo con nosotros. Tal vez no se van porque *no se sienten capaces*, porque se creen ineptos y porque no han puesto a prueba sus capacidades. A veces no tienen alas: alguien se ha ocupado de cortárselas para que no vuelen y se queden en el nido.

En cualquier caso, será parte de la función liberadora de los padres facilitar su marcha o incluso forzarla en algunos casos. Como en el cuento del halcón, será preciso cortar la rama para que se den cuenta de que tienen alas y decidan volar.

EL ESPACIO LIBRE NECESARIO

El padre al hijo:

—Hijo mío, no tienes la obligación de volar, pero sería una pena que te limitases a andar.

—Yo no sé volar.

El padre lo llevó a la parte de arriba de un barranco.

—Cuando quieras volar, vienes aquí, coges aire, saltas al fondo y volarás.

El hijo dudó:

—¿Y si me caigo?

—Si caes no morirás. Sólo te harás algunas contusiones.

Los amigos:

—¿Estás loco? ¿Para qué necesitas volar?

Otras personas:

—¿Y si fuera cierto? Pruébalo primero desde un árbol.

El chico subió al árbol, desplegó sus alas y las movió con fuerza, pero cayó al suelo y se hizo una contusión.

El chico le dice al padre:

—Me has engañado. No puedo volar.

—Puedes volar. Pero para conseguirlo debes asumir ciertos riesgos y disponer del espacio de aire libre necesario para que las alas se puedan desplegar.[112]

LA RED PROTECTORA DEL AMOR

Un entorno constituido por varios vínculos afectivos aumenta los factores de resiliencia.

BORIS CYRULNIK

¡Ojalá que les amen muchas personas y que les amen bien! El amor es como la red de los trapecistas, que protege pero no oprime, que deja la distancia necesaria para permitir que hagan sus piruetas, sus cambios de trapecio y se arriesguen a intentar sus saltos mortales. El amor es como una red que no evita el miedo a la caída, ni la caída misma pero que, cuando sucede, para el golpe y evita daños mayores. El amor: una red protecto-

---

112. Versión de los autores del relato incluido en el libro *Cuentos para pensar*, de Jorge Bucay.

ra que nos libera, formada por muchos hilos de amor de muchas personas distintas.

¡Cuántos padres se sienten amenazados «territorialmente»[113] por el hecho de que aparecen nuevas personas que «pretenden» amar al hijo! Sentimientos de posesión, celos y resentimiento nacidos por el hecho de considerar que el otro les «quita tiempo» para estar con el hijo o que les «desposee» de él. Es el momento de plantearse estas dos preguntas: ¿es posible que consideremos a nuestro hijo como una más de las propiedades que tenemos, como un derecho y como un medio? ¿Queremos que nuestro hijo disponga de la red protectora formada por el amor de muchas personas, o bien que solamente disponga de «nuestro hilo afectivo»? Un solo hilo puede llegar a ahogar y, además, no ofrece suficiente base para proteger de las caídas.

> Un entorno constituido por varios vínculos afectivos aumenta los factores de resiliencia del chiquillo. Cuando la madre falla, el padre puede proporcionar al niño unas guías de desarrollo que serán diferentes a causa de su masculinidad, pero que poseerán, no obstante, suficiente eficacia como para darle seguridad y estímulo. Y si el padre llega a fallar también, los demás miembros del grupo doméstico, las familias de sustitución, las asociaciones de barrio, los clubes de deporte, los círculos artísticos o de compromiso religioso, filosófico o político pueden a su vez proporcionar apoyo al niño.[114]

Sabemos que el desarrollo de la inteligencia en los mamíferos, su capacidad estratégica de conocimiento y de acción está estre-

---

113. Amenaza en su territorio emocional, vivencia de invasión o intrusión.

114. Boris Cyrulnik, *Los patitos feos*, Gedisa.

chamente correlacionada con el desarrollo de la afectividad[115] y que la multiplicidad de afectos contribuye al desarrollo de la inteligencia debido a que la persona que se relaciona deberá aprender a desarrollar estrategias de comunicación afectiva.

Así pues, cada vez que aparece una persona nueva en nuestra vida y en la de nuestro hijo es importante verla y recibirla como una oportunidad de tejer conjuntamente una buena base de relación. Quizá llegue a ser una parte importante del equipaje afectivo con que va a contar nuestro hijo en su viaje vital. Entonces, desaparecerá el sentimiento de amenaza y aparecerá la alegría de saber que existe una pieza más que refuerza esta red amorosa.

INICIACIÓN

> *Con los personajes sucede como con los hijos: primero los llevas dentro, después los ves crecer, y un buen día te dicen o les decimos adiós y empiezan a caminar entre el público.*

JEANNE MOREAU

En su relato «Ventana sobre la memoria», Eduardo Galeano muestra el ejemplo más excelso de lo que debería ser la transmisión de la experiencia y conocimiento de vida y también lo que supone «recoger el testigo» que nos pasa la generación anterior. He aquí el relato:

> A orillas de otro mar, otro alfarero se retira en sus años tardíos. Se le nublan los ojos, las manos le tiemblan, ha

---

115. Véase *Amor, poesía y sabiduría*, Edgar Morin, Seix Barral.

llegado la hora del adiós. Entonces ocurre la ceremonia de la iniciación: el alfarero viejo ofrece al alfarero joven su pieza mejor. Así manda la tradición entre los indios del noroeste de América: el artista que se va entrega su obra maestra al artista que se inicia.

Y el alfarero joven no guarda esa vasija perfecta para contemplarla y admirarla, sino que la estrella contra el suelo, la rompe en mil pedacitos, recoge los pedacitos y la incorpora a su arcilla.

La obra maestra no se regala para que se conserve intacta o para que el aprendiz de adulto se quede con ella y la preserve intocable, con adoración. El iniciado destruye la obra que recibe, pero incorpora los fragmentos a su propia obra y le da su propia forma. Magnífico acto de generosidad y de humildad del alfarero que dice adiós, y un gran reto para el iniciado, que sólo incorporará los fragmentos si decide realizar su propia obra invirtiendo en ella trabajo, esfuerzo, creatividad y amor. Estos van a ser los elementos que el alfarero joven necesitará poner en juego, porque «oponer lo que se es capaz de crear a lo que se ha recibido es el tema esencial de toda reivindicación de independencia.»[116]

CAMINOS CON CORAZÓN

Se imagina lo que se desea.
Se quiere lo que se imagina.
Y, al final, se crea lo que se quiere.

GEORGE BERNARD SHAW

---

116. Jean Lacroix, filósofo francés (1900-1986).

273

Todos los caminos son los mismos:[117] todos llevan a ninguna parte. Son caminos que van por el chaparral o lo atraviesan. Puedo decir que en mi propia vida he recorrido caminos muy largos, pero no estoy en ninguna parte. Ahora tiene sentido la pregunta de mi benefactor:

—¿Tiene este sendero corazón?

Si lo tiene, es bueno, si no, de nada sirve. Ningún camino lleva a ninguna parte, pero uno tiene corazón y el otro no. Uno hace el viaje gozoso, mientras lo sigas eres uno con él. El otro, te hace maldecir la vida. Uno te hace fuerte, el otro te debilita.

¿Cuál vamos a escoger?

---

117. Carlos Castaneda, *Las enseñanzas de Don Juan*.

DEJARLO SER, DEJARLO IR, SOLTAR

- Los padres tenemos el deber de preparar a nuestros hijos ayudándoles a vivir vidas íntegras, pero una vez finalizado este deber, es importante no insistir más en él.

- Si cumplimos bien nuestra misión, la primera consecuencia será que los hijos se irán de nuestro lado para probar sus fuerzas.

- No es ni inteligente ni adaptativo intentar retener a los hijos.

- En algunas ocasiones, puede no ser suficiente con haber enseñado a volar y permitir el vuelo. A veces es preciso forzar el vuelo de algunos hijos, empujándolos a abandonar su «zona de comodidad o seguridad».

- El amor: una red protectora que nos libera, formada por muchos hilos de amor de muchas personas distintas.

HAY VIDA MÁS ALLÁ DE LOS HIJOS

El problema con la familia es que los hijos abandonan un día la infancia, pero los padres nunca dejan la paternidad.

Osho

FINAL DE ETAPA

Todos los relojes dicen
que es la hora justa del prodigio.

Miquel Martí i Pol

Cerramos un tiempo. Fin de crianza, de tutela, de proximidad, de cotidianidad, y de supervisión. Nuestros hijos no nos necesitan de la misma forma, toman sus propias decisiones. Podrán decidir «adoptarnos como padres»,[118] incorporándonos a su familia elegida, o alejarse de nosotros.

---

118. M. Rosa Bertrán: «adopción como acto libre y voluntario. Nadie adopta si no quiere» (Conferencia Fundació ÀMBIT, enero de 2006).

Final de etapa. Inicio de un nuevo período, oportunidad para configurar una relación diferente y enriquecedora entre adultos que se eligen sin que intervenga la mutua necesidad.

VELOCIDADES DISTINTAS

Siempre es breve el tiempo de compartir.

MIQUEL MARTÍ I POL[119]

Nuestra mente, nuestros pensamientos, nuestra capacidad para razonar y comprender las situaciones, para valorar y para analizar, siguen un ritmo propio que no siempre es sincrónico al ritmo de los procesos emocionales. Podemos tener bien clara la finalidad de ser padres: acompañar el crecimiento de los hijos para que consigan ser personas autónomas y capaces de vivir su vida; sabemos que es bueno que exploren, que tomen sus decisiones, que asuman sus dificultades, que vivan una vida propia; que sean capaces de mantenerse, que sean valientes y busquen oportunidades.

Nuestra mente, con todas sus razones, nos felicita: ¡Lo hemos hecho bien! No obstante, nuestro mundo afectivo, más complejo, puede ir más lento. Podemos comprender y aceptar intelectualmente lo que vivimos pero, a la vez, estar sumidos temporalmente en una especie de caos emocional. Muchas emociones y sentimientos distintos, experimentados al mismo tiempo y que es importante reconocer: orgullo, ternura, felicidad, agradecimiento, temor, tristeza, ansiedad, preocupación, esperanza, alegría... todo a la vez, en un cóctel emocional que puede confundirnos y removernos por dentro. Así, al orgullo

---

119. Poema «La intimidad».

de ver a nuestros hijos fuertes y valientes, puede unirse la tristeza de la despedida, del cambio de etapa, y de la conciencia de finalización de un ciclo vital. Porque la tristeza no tiene que ver con el hecho de que algo sea o no bueno, sino con la percepción de que algo se acaba y se cierra. La tristeza es la emoción que corresponde a la pérdida.

En esta etapa es importante permitirnos sentir, reconocer lo que sentimos, y darle nombre. También lo es expresar, relatar y formular este complicado cóctel emocional y dar salida a estas emociones. Al reconocer y aceptar lo que sentimos permitimos que estas emociones fluyan y no se «atasquen» en nuestro interior. Somos responsables de darnos el tiempo necesario para cerrar lo que deba ser cerrado, para adaptarnos a los cambios y encontrar un nuevo espacio y fórmula de relación con el hijo que se va y también con nosotros mismos. Un alejamiento físico no supone inevitablemente un alejamiento afectivo, es más, a veces, puede ser el inicio de una forma de relación nueva y más interesante, elegida por ambos desde la libertad y el afecto, en lugar de basarse en la necesidad mutua. Aquí nace la oportunidad y la posibilidad de que los padres vuelvan a elegir a los hijos y los hijos a sus padres como parte de su familia escogida.

CERRAR CÍRCULOS

> *VIVIR significa asumir la responsabilidad de encontrar la respuesta correcta a los problemas que la vida plantea y cumplir las tareas que nos asigna continuamente a cada individuo.*
>
> VIKTOR FRANKL

Final de etapa. Temas pendientes. Inicio de una etapa nueva que puede integrar todas las anteriores. Es importante viajar ligeros, sin «pesos muertos» de un pasado que ya no es. Se trata de incorporar todo lo bueno, todos los recuerdos, vivencias compartidas, aprendizajes adaptativos, vida vivida con conciencia y calidad y desprendernos de todo aquello que no nos deja avanzar.

Cada momento de la vida nos trae nuevos retos, experiencias nuevas y lecciones que aprender. Es nuestra tarea buscar y dar las respuestas correctas y, para hacerlo en las mejores condiciones posibles, debemos cerrar los círculos de la etapa anterior que aún quedan abiertos. Es el momento de soltar amarras y levar las anclas que frenan nuestro avance.

¿Hay algo que sentimos y que no hemos expresado a nuestros hijos? ¿Qué hemos aprendido de ellos en nuestro viaje compartido hasta este momento? ¿Qué nos gusta de ellos? ¿Qué cualidades les reconocemos? ¿Qué temas hemos rehuido, qué explicaciones no hemos dado o no hemos pedido? ¿Qué queremos transmitirles ahora que se van? ¿Hay alguna ofensa de la que no nos hemos desprendido? ¿Algún «gracias» que no se ha dicho? ¿Algún «te quiero» no verbalizado?

Es posible que nos sintamos con muchas tareas pendientes. La pregunta que deberíamos hacernos es si los temas pendientes se refieren realmente a nuestros hijos o bien nos pertenecen a nosotros mismos. ¿Hemos continuado viviendo nuestra vida como seres individuales mientras hemos desempeñado nuestro rol de padres? o bien, al contrario, ¿hemos dimitido de nuestros sueños e ilusiones, de nuestras otras relaciones y de aprender cosas nuevas? ¿Hemos seguido desplegando nuestro proyecto de vida o lo hemos paralizado durante toda la crianza?[120]

---

120. Consideramos que si bien la crianza de los hijos forma parte de nuestro proyecto de vida, no es emocionalmente ecológico que sea el único punto de su contenido.

Aquí alguien podría decir que precisamente ha sido la crianza y la educación de los hijos lo que ha conformado su proyecto. Pero lo cierto es que esto es insuficiente si supone haber dejado de desarrollar otras facetas aparte de la de padre o madre. Esta afirmación, por dura que parezca, va seguida de esta otra: si uno se ha dedicado solamente a ser padre o madre, olvidado su propio crecimiento personal o su vida de pareja, posiblemente haya caído en errores importantes en el proceso de educar a sus hijos. Una vida individual no se puede llenar sólo con la paternidad o la maternidad. El riesgo es demasiado elevado y puede tener dos consecuencias: al irse el hijo se pierde el sentido de la propia vida, quedando sin finalidad; o bien se hace —a veces inconscientemente— todo lo posible para que el hijo no se aleje y así evitar el sentimiento de vacío. En ningún caso es emocionalmente sano ni ecológico llenar una vida vampirizando la de otro ser humano.

Cerrar círculos. Acabar lo que está pendiente. Reiniciar lo que se ha dejado de lado. La vida ofrece un espacio de realización personal. Nuestros hijos se sentirán más seguros, más felices, serán más creativos y capaces de arriesgar y explorar si los padres tenemos vida, ilusiones y proyectos propios. Este es el mejor modelo que podemos transmitir a las nuevas generaciones: la vida no comienza ni acaba con los hijos, tiene un sentido propio que corresponde a cada cual construir. No utilizar a los hijos como medios para llenar nuestra vida o justificarla es el máximo respeto que les debemos.

> *Te espera un largo invierno de renuncias pactadas contigo mismo.*
>
> MIQUEL MARTÍ I POL

¿Vacíos de proyecto? ¿Con un proyecto dejado de lado durante muchos años porque pensamos que esto era lo que se esperaba de nosotros como padres? ¿Una dedicación total y absoluta a los hijos que ahora hace que nos encontremos solos en un «nido vacío»?

Esta es la reflexión que nos transmitió una mujer al respecto:

> —De repente, miré a la persona que tenía a mi lado en la cama. ¿Quién es este hombre? —me pregunté—. Lo vi como si fuera un extraño, ajeno a mí, ajeno a mi pensar y a mi sentir, a mi piel, a mi vida. Lo reconocí como mi marido. Me vi a mí misma, con este desconocido, viviendo mis años de madurez y envejeciendo con él. Desposeída, abandonada por mis hijos en esta nueva etapa... Me entró el pánico. ¿Qué había en mi vida, ahora que mis hijos ya no me necesitaban? Nada, nada... tan sólo un enorme interrogante y ninguna respuesta.

Esta mujer admitía que había invertido toda su energía afectiva en un único proyecto de vida: ser madre. En esta arriesgada inversión dejó de lado su proyecto individual y su proyecto de pareja. La vivencia de la pérdida era enorme. El miedo, la soledad, la ansiedad, la incertidumbre, la tristeza, el sentimiento de injusticia, el resentimiento, el enfado... el caos emocional era en aquel momento su paisaje. A este paisaje y a ningún otro era al que debía dar la respuesta adecuada.

Toca hacer balance, una auditoria emocional[121] y una revisión de pérdidas. Veamos lo que nos dice la doctora Pinkola Estés:[122]

> Si hiciéramos una lista con todas las pérdidas que hemos sufrido hasta este momento de nuestras vida, recordando las veces en que sufrimos decepciones y fuimos impotentes contra el sufrimiento o tuvimos una fantasía llena de adornos y de azúcar de glas, comprenderíamos que ésos son los puntos vulnerables de nuestra psique.

Una vez tenemos un mapa de situación que incorpore las dimensiones, razón y emoción, hemos detectado cuáles son nuestros puntos vulnerables —y por lo tanto de mejora— y sabemos los recursos que poseemos o podemos obtener. Tenemos dos opciones claras:

- Una: continuar viviendo como víctimas, viendo a los hijos como unos seres desagradecidos que tienen facturas pendientes a pagar, viendo a la pareja como alguien con quien continuar conviviendo en soledad —porque consideramos que no nos queda más remedio—; adoptando un comportamiento en el que los motores sean el resentimiento, el miedo, el egoísmo y la posesión:[123] manipulando, haciendo chantajes emocionales para conseguir llenar el vacío, independientemente de los precios que los demás vayan a pagar; viendo la vida como una pendiente que sólo nos lleva al final previsto, la muerte...

---

121. Véase *Ecología emocional* (de los autores), RBA.

122. *Mujeres que corren con lobos*, Ediciones B.

123. Energías emocionales altamente contaminantes que empeoran el clima emocional global y son destructivas para nosotros mismos y para las personas que nos rodean.

- Dos: hacer los duelos correspondientes a las pérdidas, pedir ayuda —si la precisamos—, gestionar de forma emocionalmente ecológica nuestras emociones,[124] detectar puntos de mejora y redefinir nuestro proyecto de vida pasando a la acción coherente y responsable. Nunca es demasiado tarde.

Los resultados serán diametralmente opuestos según escojamos una u otra opción. Se trata de elegir: ¿crear o destruir? ¿Crearnos o destruirnos? Esta es nuestra libertad y nuestra responsabilidad.

DESPRENDERSE PARA SEGUIR

¡Ojalá que te vaya bonito!

VIOLETA PARRA

Tiempo de cambios. Hay vida más allá de los hijos. Pero para continuar nuestro viaje debemos liberarnos de las cargas que no nos permiten avanzar. Los lastres nos inmovilizan. Un vaso totalmente lleno no nos es de utilidad. Es necesario vaciarlo. Es emocionalmente ecológico viajar ligeros. El desprendimiento consiste en un distanciamiento respecto a uno mismo, un esfuerzo por desaferrarse de lo que uno quiere agarrar compulsivamente con las manos.[125] ¿Por qué nos aferramos tanto?

Hay que buscar los miedos. Todo un saco de miedos: miedo al sinsentido, al abandono, a lo desconocido; miedo a la soledad, miedo a envejecer, a sufrir, a la ausencia, a la muerte, a los finales y a los inicios; miedo a no saber con qué llenar nuestra

---

124. Véase *Ecología emocional* (de los autores), RBA.
125. Edgar Morin, *Amor, poesía y sabiduría*, Seix Barral.

vida, a dejar de ser necesitados y útiles, al rechazo; miedo a los desengaños, a los errores cometidos, a los espacios que hemos dejado sin construir y a los que ya no podemos acceder; miedo al desamor, al vacío; miedo a nuestra realidad. Para eliminar el miedo debemos aceptarlo y mirarlo de frente. Así pues, ¡vamos a hacer limpieza! Vaciamos las estanterías, nos deshacemos de papeles y libros que ya no corresponden a nuestro «ahora», de los trastos viejos, del polvo acumulado y la suciedad, para dejar espacio a todo lo nuevo y mejor que pueda llegar.

> Cuenta Ruth Benedict que en la isla de Vancouver los indios celebraban torneos para medir la grandeza de los príncipes. Los rivales competían destruyendo sus bienes. Arrojaban al fuego sus canoas, su aceite de pescado, sus huevas de salmón; y desde un alto promontorio echaban al mar sus mantas y sus vasijas. Vencía el que se despojaba de todo.

¿De qué nos podemos desprender en esta etapa?

- De nuestras expectativas sobre lo que nuestros hijos harán con su vida
- De nuestra necesidad de controlarles
- De las demandas de atención y devolución en forma de agradecimiento[126]
- De las cosas no dichas, de los sentimientos no expresados.
- De la preocupación[127]
- De las culpas
- De las ofensas

---

126. Que llamen, feliciten, expliquen, visiten, incluyan.

127. Ecología emocional: preocupación es una fuga de energía. Cambiar por «ocuparse de».

- Del intervencionismo
- Del victimismo
- Del pasado[128]

El vacío a veces asusta. ¿Y si ya no queda nada nuevo por llegar? ¿Y si todo lo que nos espera es la peor parte de la vida? Revisemos lo que queda, reetiquetemos los contenidos.

Ahora nos permitiremos un tiempo de duelo: por lo que sentimos que hemos perdido, por lo que no hemos tenido y ya no podremos tener, y por lo que hemos dejado de vivir. Vamos a hacer un balance de pérdidas y a permitirnos sentir. Hacer un duelo consiste en vivir nuestra tristeza, aceptarla sin habitarla y desprendernos de ella. Consiste en entender que en la vida nunca existen sólo pérdidas. Ellas siempre comparten su territorio emocional con otros sentimientos que es importante detectar. Porque no sólo sentimos tristeza, también alegría por lo vivido y compartido, orgullo al verles fuertes y autónomos, satisfacción por el aprendizaje conjunto, expectación ante la nueva etapa, ilusión por las sorpresas que nos llegarán... y, sobre todo, mucho amor.

A MODO DE FINAL

A LOS PADRES

No te preocupes de la finalidad de tu amor. El amor lleva en sí mismo su finalidad. No lo juzgues incompleto si no responden a tus ternuras; el amor lleva en sí mis-

---

128. El pasado debe integrarse en nuestra vida pero no debe ser una zona que nos mantenga atados puesto que entonces dejamos de vivir el presente y de prestar atención al ahora.

mo su propia plenitud. Siempre que haya un vacío en tu
vida, llénalo de amor.

AMADO NERVO

- Vuestra primera responsabilidad es ser personas con una vida íntegra y completa por sí misma. Sólo así no haréis de los hijos vuestra finalidad y podréis darles un amor que les libere en lugar de atarlos.
- Sólo tenéis la custodia provisional de vuestros hijos, no son vuestras posesiones, no os pertenecen.
- Vuestros hijos pueden y deben ser capaces de vivir sin vosotros.
- Vuestros hijos pueden ser bien amados por muchas otras personas. No es adaptativo ni emocionalmente ecológico querer ser para ellos la única o mejor fuente de amor, de cuidado, de recursos o de acogida.
- Cuando los hijos se han independizado es importante saber respetar su alejamiento. No estar llamándoles constantemente, ni supervisar lo que hacen o dejan de hacer, con quién van, cómo utilizan su tiempo, sus recursos, su dinero o dónde invierten sus energías y afectos; no invadir sus espacios. Es importante no imponerles obligaciones afectivas: días de visita, comidas familiares a las que deben asistir o el número de llamadas mínimas bajo la pena de sentirnos ofendidos si no cumplen... Ya no son nuestros niños o niñas: son adultos que necesitan ser respetados y no ahogados.
- Cuando os piden ayuda, tened bien claro que no estáis obligados a darla siempre. Es importante que aprendan que no estáis constantemente a su disposición para cualquier cosa. ¿Lo encontráis muy duro? No se trata de no ayudar a los hijos, tan sólo de no vivir pendientes de sus demandas, ni subordinar vuestra vida a ellas. Esta estrategia sólo acaba

generando resentimiento, un listado de facturas pendientes y la sensación de ser utilizados y poco respetados. Por otro lado si la petición es razonable y podéis y queréis satisfacerla, ¡adelante!, pero sed conscientes también de que tenéis el derecho de decir «no» y que, además, en muchas ocasiones puede ser muy educativo para ellos.

- Lo mejor que podéis hacer por vuestros hijos cuando se van es continuar trabajando, aprendiendo y construyendo un proyecto personal que os ilusione y os haga sentir vivos.

¡Que vuestro amor sea parte de una amplia red amorosa que les acompañe toda su vida!

A LOS HIJOS

> *Ahora sé que mis padres son personas completas y complejas, inaprensibles. Seres libres a los que puedo imaginar en su vida remota, existiendo antes de mi existencia (…) Ahora que he liberado mentalmente a mis padres, yo también me siento más libre. Ahora que les he dejado ser lo que ellos quieran, creo que estoy empezando a ser yo misma.*

> ROSA MONTERO,
> *La hija del caníbal*

- Vuestra vida es vuestro reto y vuestra oportunidad. No la desaprovechéis sumidos en la inconsciencia, en la comodidad o en el egoísmo. Vuestra vida es una oportunidad única para mejoraros y crecer para que, así, mejore el mundo en su totalidad. Es vuestra responsabilidad.
- Vuestros padres son personas con vida propia además de

ser padres vuestros. No tenéis su exclusiva ni son vuestra posesión.

- Vuestros padres no están a vuestro servicio aunque os cuiden, os acompañen y os amen.
- Si os liberáis para seguir vuestro camino no acudáis a vuestros padres cada vez que la vida os lo ponga difícil. La independencia se consigue a base de luchar día a día y enfrentar los diferentes retos que la vida os presenta buscando uno mismo las soluciones. Desde el más profundo amor, el papel de los padres en esta etapa no debería ser solucionar vuestros problemas, sino saberse mantener al margen de ellos y permitir que seáis vosotros mismos quienes trabajéis por hallar y aplicar la mejor solución. Así que si necesitáis dinero, un canguro para vuestros hijos, una comida hecha, que alguien os haga los encargos... no penséis siempre en vuestros padres. Es injusto que sólo acudáis a ellos para solucionar alguna dificultad.
- Si deseáis establecer una relación madura con vuestros padres, acudid a ellos sin finalidad alguna, sólo para intercambiar vida, experiencias, estar con ellos, compartir los motivos de alegría o las situaciones de dificultad y dolor; sólo para escucharles y ser escuchados, para mostrar y recibir ternura y agradecimiento. La finalidad del encuentro debe ser la persona en sí misma y no la persona a fin de conseguir algo de ella.
- Podéis elegir ser «hijos de vuestros padres» desde la madurez, la libertad y el afecto en lugar de serlo desde la biología, el derecho, la necesidad y el interés.

¡Que vuestro amor sea parte de una amplia red amorosa que les acompañe toda su vida!

Pensamos demasiado y sentimos poco.
No necesitamos máquinas, sino humanidad.
No necesitamos inteligencia, sino amor y ternura.
Sin estas virtudes, todo es violencia y todo se pierde...

CHARLES CHAPLIN,
El gran dictador

¡Vamos! ¡Vivid vidas íntegras! Vuestro tiempo y vuestra vida es una oportunidad única. Vivid con fuerza, con valor, con amor y con intensidad, en el presente, saboreando la vida con todos los sentidos. Vivid con ilusión y con pasión, invertid en sueños y hacedlos posibles; vivid sintiéndoos parte de un todo maravilloso del que sois responsables, cultivad un clima interior armónico y limpio para que podáis transmitir a los demás vuestra paz, alegría y creatividad.

Tenéis un espacio para ser. No lo desaprovechéis con aplazamientos, con miedos, con excusas, con quejas, con victimismo. Tenéis el poder de diseñar vuestra vida y la posibilidad de lograr vuestros objetivos si lo deseáis bastante y estáis dispuestos a invertir perseverancia, fuerza, voluntad, esfuerzo, creatividad y amor en ellos. ¡No os quedéis en vuestro nido cómodo! No os resignéis pensando que debéis aceptar «lo que os ha tocado» por destino o por azar. Somos poderosos, podemos serlo. Es nuestra oportunidad. Como dijo Viktor Frankl: «¿Qué es en realidad el hombre? Es el ser que siempre decide lo que es. Es el ser que ha inventado las cámaras de gas, pero asimismo es el ser que ha entrado en ellas con paso firme musitando una oración». ¿Crear o destruir? Otra vez os planteamos el dilema inicial que lanza la ecología emocional. Nosotros elegimos y, por tanto, somos responsables de lo que hacemos con nuestra vidas.

Padres... ¡vivid vuestras vidas, continuad explorando los paisajes que encontraréis después de que vuestros hijos se hayan ido! La vida sigue y puede ser maravillosa. Hijos... ¡arriesgaros a vivir vuestras vidas, las vuestras, no la de vuestros padres, ni la de vuestros maestros, ni la de vuestros amigos... las vuestras y las de nadie más!

¡Nuestra vida es nuestra única oportunidad de marcar la diferencia y decantar la balanza hacia una recreación más amorosa de nuestro mundo!

10

HAY VIDA MÁS ALLÁ DE LOS HIJOS

- Somos responsables de darnos el tiempo necesario para cerrar lo que deba ser cerrado, para adaptarnos a los cambios y encontrar un nuevo espacio y forma de relación con el hijo que se va y también con nosotros mismos.

- Si uno se ha dedicado solamente a ser padre o madre y olvidado su propio crecimiento personal o su vida de pareja, posiblemente haya caído en errores importantes en el proceso de educar a sus hijos.

- Nuestros hijos se sentirán más seguros, más felices, serán más creativos y capaces de arriesgar y explorar si los padres tenemos vida, ilusiones y proyectos propios.

- No utilizar a los hijos como medios para llenar nuestra vida o justificarla es el máximo respeto que les debemos.

- La finalidad del encuentro debe ser la persona misma y no la persona a fin de conseguir algo de ella.

EPÍLOGO

PUNTO Y SEGUIDO

Ámame para que me pueda ir
para que aprenda a ser yo mismo
separado de ti

Impúlsame
para que pueda alejarme
y ser con los demás

Suéltame
para que sepa
adónde regresar

Ámate
para que me pueda amar
aprendiendo de ti

Impúlsate
para que me enseñes
el gozo de explorar

Suéltate
para que encuentre
en la libertad tus raíces

¡ÁMATE, PARA QUE ME PUEDA IR!

JAUME SOLER
Y M. MERCÈ CONANGLA

BIBLIOGRAFÍA

ALBERTARIO, A. y FESLIKENIAN F. *Proverbios chinos*. Editorial Vecchi.

ALBOM, Mitch. *Dimarts amb Morrie*. Empúries.

ALEMANY, Carlos. *14 Aprendizajes vitales*. Desclee de Brouwer.

ARROYO, Cayetano. *El lenguaje de la vida*. Sirio.

AYLLON, J. R. *Luces en la caverna*. Martínez Roca.

BARYLKO, Jaime. *Vivir y pensar*. Emecé.

BARYLKO, Jaime. *En busca de uno mismo*. Emecé.

BARYLKO, Jaime. *Para quererte mejor*. Emecé.

BENEDETTI, Mario. *El mundo que respiro*. Colección Visor de Poesía.

BENEDETTI, Mario. *Insomnios y duermevelas*. Colección Visor de Poesía.

BISQUERRA, R. *Educación emocional y bienestar*. Editorial Praxis.

BOLINCHES, Antoni. *El cambio psicológico*. Kairós.

BOLINCHES, Antoni. *La felicitat personal*. Pòrtic.

BOTTON, Alain de. *Las consolaciones de la filosofía*. Taurus.

BRECHT, Bertolt. *Historias del señor Keuner*. Barral Editores.

BUCAY, Jorge. *Cuentos para pensar*. Editorial del Nuevo Extremo.

CALLE, Ramiro. *El libro de la felicidad*. Martínez Roca.

CASTANEDA, Carlos. *Las enseñanzas de Don Juan*.

CYRULNIK, Boris. *Los patitos feos*. Gedisa.

COMTE-SPONVILLE. *La felicidad, desesperadamente*. Paidós Contextos.

COMTE-SPONVILLE, André. *El amor La soledad*. Paidós Contextos.

COMTE-SPONVILLE, André. *Invitación a la filosofía*. Paidós Contextos.

CONANGLA I MARÍN, M. Mercè. *Crisis emocionales*. Amat.

CONESA, Miguel Ángel. *Crecer con los cuentos*. Mensajero.

COTRONEO, Roberto. *Si una mañana de verano un niño*. Taurus, 1995.

DUFOUR, Michel. *Cuentos para crecer y curar*. Sirio.

ELÍAS MAURICE, J. *Educar con inteligencia emocional*. Plaza y Janés.

ENDE, Michael. *Momo*. Alfaguara.

EVTUICHENKO, Eugueni. *Quasi al final*. Edicions 62.

FLEURQUIN, Veronique. *Diccionari deis sentiments*. Alter Pirene.

FRÁNCIA, Alfonso. *Educar con fábulas*. CCS.

FRANKL, Viktor. *L'home en busca de sentit*. Paidós.

FROMM, Erich. *El amor a la vida*. Paidós.

FROMM, Erich. *El arte de amar*. Paidós.

FROMM, Erich. *El arte de escuchar*. Paidós.

FROMM, Erich. *El corazón humano*. Paidós.

FROMM, Erich. *La patología de la normalidad*. Paidós.

FROMM, Erich. *Sobre la desobediencia y otros ensayos*. Paidós.

GALEANO, Eduardo. *Las palabras andantes*. Siglo XXI.

GALEANO, Eduardo. *El libro de los abrazos*. Siglo XXI.

GIBRAN, Khalil. *Obras completas*. Visión Libros.

GOLEMAN, Daniel. *Inteligencia emocional*. Kairós.

GÓMEZ, J. Joaquín. *Educar para la paz*. CCS.

JODOROWSKY, Alejandro. *El tesoro de la sombra*. Siruela.

KAPLEAU, Philip. *El renacer budista*. Arbol editorial.

KLEIN, Melanie. *Amor, culpa, reparación*. Paidós.

KRISHNAMURTI. *La libertad interior*. Kairós.

KUNDERA, Milan. *La ignorancia*. Tusquets Editores.

LACROIX, Jean. *Fuerza y debilidades de la familia*. Editorial Fontanella.

LEVI-MONTALCINI, Rita. *Tiempo de cambios*. Península.

MANNONI, Maud. *La oposición de los hijos*.

MARINA, José Antonio. *El misterio de la voluntad perdida*. Anagrama.

MARINOFF, Lou. *Más Platón y menos Prozac*. Ediciones B.

MARTÍ I POL, Miquel. *Un hivern plácid*. Edicions 62.

MAUCO, Georges. *Paternalisme*. Psyche n.° 15.

MILLER, Alice. *El saber proscrito*. Tusquets.

MONTERO, Rosa. *La hija del caníbal*. Espasa.

NERUDA, Pablo. *Confieso que he vivido*. Plaza y Janés.

NIETZSCHE, Friedrich. *Fragmentos póstumos*. Abada editores.

OSHO. *Más allá de las fronteras de la mente*. Editorial Mutar.

PAGES, Elaine. *Evangelio Gnóstico*. Grijalbo.

PAVESE, Cesare. *El oficio de vivir*. Seix Barral.

PESSOA, Fernando. *La hora del diablo*. Cuadernos del Acantilado.

PESSOA, Fernando. *Máscaras y paradojas*. Edhasa.

PINKOLA ESTÉS, Clarissa. *Mujeres que corren con lobos*. Ediciones B.

RACIONERO, Luis. *La sonrisa de la Gioconda*. Planeta.

RIVIÈRE, Joan. *Odio, voracidad y agresión*. Paidós.

RIBAS, Manuel. *El lápiz del carpintero*. Editorial Suma de Letras.

ROJAS, Marcos Luis. *Las semillas de la violencia*. Espasa Calpe.

SANSOT, Pierre. *Del buen uso de la lentitud*. Tusquets.

SAVATER, Fernando. *El valor de elegir*. Ariel.

SAVATER, Fernando. *Ética para Amador*. Ariel.

SINAY, Sergio. *Elogio de la responsabilidad*. Del Nuevo Extremo.

SNYDERS, Georges. *No es fácil amar a los hijos*. Gedisa.

SOLER, Jaume y CONANGLA, M. *Donar temps a la vida*. Pleniluni.

SOLER, Jaume y CONANGLA, M. *La ecología emocional*. RBA.

SOLER, Jaume y CONANGLA, M. *Aplícate el cuento*. Amat.

SOLER, Jaume y CONANGLA, M, *Juntos pero no atados*. RBA.

TAMARO, Susana. *Donde tu corazón te lleve*. Booket.

TAMARO, Susana. *Tobías y el ángel*. Mondadori.

ULLMANN, LIV. *Senderos*, Editorial Pomaire, Buenos Aires.

WEINER, David. *El idiota interior*. Vergara.

WILKS, Frances. *Emoción inteligente*. Planeta.

ZWEIG, Stefan. *Los ojos del hermano eterno*. El Acantilado.

ZWEIG, Stefan. *Veinticuatro horas en la vida de una mujer*. El Acantilado.